Muffins

Die besten Rezepte süß & pikant

Compact Verlag

INHALT

MUFFINS – TRENDGEBÄCK MIT TRADITION

Schnelles Gebäck für jede Gelegenheit	4
Der Teig	4
Die Basics	6
Die Extras	8
Einfach abgespeckt: Muffins Low Fat	9
Gut in Form	9
Im Ofen	10
Muffins auf Vorrat	11
Fein gemacht	11
Muffins servieren: Was passt dazu?	12

REZEPTTEIL

Süße Varianten	13
Fruchtige Muffins	31
Herzhafte Kreationen	49
Muffins mit Fleisch & Fisch	67
Feste feiern mit Muffins	79
Register	95
Text- und Bildquellen	96
Impressum	96

MUFFINS

Muffins – Trendgebäck mit Tradition

Wer liebt sie nicht die kleinen Kuchen? Von Amerika aus haben sie die Welt erobert und sind mittlerweile nicht nur in trendigen Kaffeebars, sondern auch auf der heimischen Kaffeetafel der absolute Renner. Auch wenn sie als das amerikanische Gebäck schlechthin gelten, ihren Ursprung haben sie in England. Dort wurden unter dem Namen »Muffin« schon im 19. Jahrhundert kleine süße Hefeteigbrötchen als »Teegebäck« gebacken und von »Muffin Men« frühmorgens zum Frühstück und nachmittags zur Teestunde auf den Straßen verkauft. Diese »Muffins« wurden getoastet und mit reichlich Butter und Marmelade bestrichen gegessen. Nach Amerika gelangten die Muffins mit den auswandernden Engländern, die natürlich auch ihre Backrezepte im Gepäck hatten. Im »Land der unbegrenzten Möglichkeiten« wurden die Muffins bald nicht mehr aufwändig nach dem Ursprungsrezept aus Hefeteig, sondern schnell und einfach aus Rührteig mit Natron und Backpulver als Treibmittel gebacken. Unzählige Varianten der

kleinen Rührteigkuchen sind seitdem entstanden – von den beliebten süßen Blaubeermuffins bis hin zu pikanten Pizzamuffins. Zusammen mit den amerikanischen Kaffeebars ist auch das Lieblingsgebäck der Amerikaner als neuester Kuchentrend nach Europa zurückgekehrt.

Schnelles Gebäck für jede Gelegenheit

Großer Pluspunkt: Muffins sind blitzschnell zusammengerührt und fast genauso schnell gebacken. Bei aller Einfachheit kommt trotzdem keine Langeweile auf: Kaum ein Gebäck ist so wandelbar wie Muffins. Als wahre Verwandlungskünstler passen sich Muffins jedem Geschmack und jeder Gelegenheit an und schmecken einfach immer. Von klassisch-schlichten Frühstücksmuffins über saftig-fruchtige Muffins für den Kaffeeklatsch oder die Einladung zum Tee, über bunt verzierte Schokoladenmuffins für den Kindergeburtstag bis hin zu pikant-deftigen Varianten für das Partybuffet oder als Beilage zu Suppen und Eintöpfen – der Fantasie sind keine Grenzen gesetzt. Lassen Sie sich von den zahlreichen raffinierten Muffinvarianten in diesem Buch überraschen und verführen!

Der Teig

Für die englische Urform der Muffins wurde Hefeteig verwendet, denn andere Backtreibmittel waren damals noch unbekannt. Die klassischen amerikanischen Muffins werden hingegen aus einem einfachen Rührteig mit Backpulver gebacken. Im Gegensatz zu herkömmlichem Rührteig werden bei der typischen »Muffinmethode« die Eier für den Teig jedoch nicht luftig aufgeschlagen, sondern eher wie bei einem Pfannkuchenteig nur kurz verquirlt.

1, 2, 3 – rührend einfach
Die »Muffinmethode« ist kinderleicht und schnell – perfekt für alle Backanfän-

MUFFINS

ger und Ungeduldige. Bis zum fertigen Teig brauchen Sie nur 3 Arbeitsschritte und ca. 10 Minuten Zeit. Zuerst alle trockenen Zutaten wie z. B. Mehl, Zucker, Backpulver und Gewürze in einer Schüssel mischen.

Als zweites alle feuchten Zutaten wie Eier, Fett und Flüssigkeit in einer anderen Schüssel verquirlen.

Schritt drei: Den Mehlmix auf die feuchten Zutaten geben und so kurz wie möglich unterrühren, die Zutaten sollten gerade eben verbunden sein. Langes Rühren ist nicht nur unnötig, sondern schadet sogar: Je länger Sie rühren, desto mehr »Kleber«, ein Eiweißstoff, löst sich aus dem Mehl und macht die Muffins fest und zäh. Stückige Zutaten wie Obst, Schokolade oder Schinkenwürfel am Ende locker unter den fertigen Teig heben. Jetzt nur noch alles in das vorbereitete Blech geben – Mulden zu ca. 2/3 füllen – und schnell in den Backofen. Denn nur wenn der Teig sofort gebacken wird, gehen die Muffins schön auf und werden locker.

Aber warum nicht mal für Abwechslung sorgen? Auch mit anderen Teigarten lassen sich in der Muffinform kleine Kuchen backen.

Biskuitteig
Mit dem luftigen Teig können Sie Minitortenböden backen und diese wie eine große Torte mit üppigen Cremes füllen und garnieren. Niedlich für den Kindergeburtstag oder als Mitbringsel.

Hefeteig
Mit Hefeteig gebackene Muffins eignen sich besonders als Frühstücksgebäck oder, in der herzhaften Variante, als Beilage zu Suppen und Eintöpfen oder Partygebäck. Wie wäre es z. B. mal mit Rosinenbrötchen aus der Muffinform? Oder mit Mittelmeerbrötchen mit getrockneten Tomaten, Oliven und Schafskäse zum Wein?

Quark-Öl-Teig
Die schnelle, unkomplizierte Alternative zum Hefeteig aus Quark, Öl, Ei, Mehl und Backpulver.

Mürbeteig
Perfekt um die Förmchen als Boden damit auszukleiden und mit einer cremigen Füllung zu toppen. Damit der Boden knusprig wird, muss er ca. 5 Minuten vorgebacken werden, dann erst kommt die Füllung hinein. Warum backen Sie so nicht mal Minikäsekuchen? Sie können den Teig auch ganz ohne Füllung backen und die Teigschalen anschließend mit fruchtiger Quarkcreme oder einer Kugel Eis und frischen Früchten füllen – toll als kleines Sommergebäck.

Blätterteig
Dieses ist die knusprigste und schnellste Muffinvariante. Die Muffinmulden mit fertigen Blätterteigplatten auskleiden und füllen. Für süße Teilchen z. B. mit einer Quarkmasse und Obst, für pikante Törtchen z. B. mit Schafskäse und Spinat.

Kartoffelteig
Ein Teig aus Kartoffeln, Mehl und Ei ist eine interessante Alternative für pi-

MUFFINS

kante Muffins. Sie können auch einige zerdrückte Kartoffeln unter den normalen Muffinrührteig geben. Verwenden Sie mehlig kochende Kartoffeln, diese geben dem Teig die richtige Konsistenz.

Wer will kleine Kuchen backen, der muss haben ...

Die Basics

Muffins bestehen aus nur 5 Grundzutaten – Mehl, Backpulver und/oder Natron, Fett, Eier und Flüssigkeit, meist Milch oder andere Milchprodukte.

Mehl – Grundgerüst aller Muffins
Meist wird weißes Weizenmehl verwendet. Sie können aber auch Vollkornmehl nehmen, dessen kräftiges Aroma besonders gut zu pikanten Muffins passt. Sie haben nicht mehr genug Mehl im Haus? Bis zur Hälfte der Mehlmenge können Sie durch Haferflocken, Grieß, gemahlene Nüsse oder zerbröselte Kekse wie Löffelbiskuits, Butterkekse oder Amarettini ersetzen. Wer auf Weizen allergisch reagiert, kann Weizenmehl in allen Rezepten problemlos durch Dinkelmehl ersetzen. Wer das Gluten, den »Klebstoff« im Mehl, nicht verträgt, kann als Alternative Spezialmehl aus dem Reformhaus oder Maismehl, besonders lecker für pikante Muffins, verwenden. Sieben brauchen Sie das Mehl für Muffins nicht.

Tipp
Wenn Sie in einem Rezept Weißmehl durch Vollkornmehl ersetzen, müssen Sie pro 250 g Mehl ca. 75 ml mehr Flüssigkeit zugeben.

Zucker – alles was süß macht
Zum Süßen des Teiges können Sie ganz normalen weißen Zucker oder braunen Zucker verwenden, der etwas kräftiger im Geschmack ist. Honig oder Dicksäfte schmecken sehr intensiv, besser nur einen Teil des Zuckers dadurch ersetzen.

Süßstoff ist ungeeignet für Muffins, da er zu wenig Substanz für den Teig liefert – das schadet der Konsistenz. Für Diabetiker den Zucker einfach durch Fruchtzucker ersetzen. Verwenden Sie gesüßten Frucht- oder Vanillejogurt als Flüssigkeit für den Teig, den Zucker etwas reduzieren. Auch wenn Sie Ihre Muffins mit Zuckerguss krönen, können Sie im Teig etwas weniger Zucker als angegeben verwenden.

Backpulver & Co. – plustern den Teig auf
Sie lassen den Teig aufgehen und machen ihn luftiglocker. Grund: Durch die Wärme im Backofen entwickeln sie das Gas Kohlendioxid, das den Teig aufplustert und dadurch locker macht. Die Amerikaner verwenden zusätzlich zum Backpulver noch Natron, das Sie in jedem Supermarkt oder jeder Drogerie erhalten. Natron entfaltet seine Wirkung jedoch nur, wenn genügend Säure im Teig ist, z. B. durch Buttermilch, Jogurt oder säuerliche Früchte. Backpulver hingegen ist ein Mix aus Natron und Säure und funktioniert deshalb auch, wenn keine zusätzliche Säure im Teig ist. Kein Natron im Haus? Erhöhen Sie einfach die Backpulvermenge etwas. Mischen Sie Backpulver und/oder Natron immer gründlich unter die trockenen Zutaten, damit es gleichmäßig wirken kann.

MUFFINS

Tipp
Testen Sie vor dem Backen, ob angebrochenes oder älteres Backpulver noch genug Kraft für den Teig hat: 1 Prise davon in etwas Wasser geben. Wenn es sprudelt, ist alles in Ordnung.

Eier – für gute Bindungen
Eier verbinden die Zutaten und sorgen für einen guten Zusammenhalt des Gebäcks. Wenn Sie nicht mehr genug Eier im Haus haben, können diese bei süßen Muffins ganz oder teilweise durch Apfelmus ersetzt werden – ein guter Tipp auch für Cholesterinbewusste. Verwenden Sie pro Ei ca. 80 g Apfelmus. Wer z. B. wegen einer Allergie ganz auf Eier verzichten muss, kann als Eiersatz 1 EL Sojamehl mit 1–2 EL Wasser pro Ei glatt rühren und zum Teig geben.

Tipp
Frische Eier erkennen Sie daran, dass sie in einem Glas mit kaltem Wasser am Boden liegen bleiben. Ältere Eier haben eine größere Luftkammer und steigen dadurch im Wasser nach oben.

Flüssigkeit – macht´s saftig
Traditionellerweise wird Buttermilch verwendet. Sie können aber auch problemlos Milch, Molke, Kefir oder Jogurt nehmen – was Sie gerade im Haus haben. Besonders fein und gehaltvoll werden Muffins, wenn Sie einen Teil der Flüssigkeit durch saure Sahne, Schmand oder Crème fraîche ersetzen. Weniger gehaltvoll und auch für Milchallergiker geeignet wird der Teig, wenn Sie Apfel- oder Orangensaft statt Milchprodukten verwenden. Das verleiht dem Teig zudem eine fruchtige Note.

Tipp
Durch die Verwendung von Frucht- oder Vanillejogurt können Sie den Teig zusätzlich aromatisieren. Mango- oder Kokosjogurt verleiht den Muffins beispielsweise ein exotisches Aroma.

Fett – macht's geschmeidig
Öl, Butter oder Margarine können Sie alternativ verwenden. Wichtig ist, Butter oder Margarine vorher zu schmelzen. Wählen Sie für süße Muffins unbedingt geschmacksneutrale Öle wie z. B. Sonnenblumen-, Raps- oder Distelöl. Öle mit intensivem Eigenaroma wie z. B. Oliven- oder Nussöl schmecken bei süßen Varianten unangenehm hervor. Bei pikanten Muffins dagegen können sie den Geschmack sogar verfeinern.

Verwenden Sie auch keine teuren kaltgepressten Öle zum Backen. Ihre guten Eigenschaften gehen durch die hohen Temperaturen im Ofen verloren. Ein kostengünstiges Pflanzenöl bietet hierbei alle erforderlichen Backeigenschaften.

MUFFINS

Die Extras

Sie machen den Grundteig erst so richtig gut und sorgen immer wieder für neue Geschmacksvarianten. Der Fantasie sind keine Grenzen gesetzt – experimentieren Sie nach Lust, Laune und Vorratsschrank.

Obst und Gemüse

Muffins mit frischem Obst wie Beeren, Kirschen, Birnen oder Aprikosen sind unwiderstehlich. Kleine Früchte können Sie im Ganzen zum Teig geben, größere vorher klein schneiden.

Statt frischem Obst können Sie auch abgetropfte Früchte aus dem Glas sowie aus der Dose verwenden oder auf tiefgekühlte Früchte zurückgreifen. Einfach unaufgetaut unter den Teig heben. Auch gut: Trockenfrüchte, die allerdings vorher ca. 1 Stunde in Wasser, Saft oder Alkoholischem eingeweicht werden sollten.
Gemüse wie Paprika, Kürbis, Mais, Zucchini, Möhren oder Pilze verfeinert herzhafte Muffins. Sie können das Gemüse klein geschnitten unter den Teig heben oder klein geraspelt untermischen. Scharfe Gemüsesorten wie z. B. Kohl oder Lauch vorher kurz andünsten. Tomaten entkernen und gut abtropfen lassen, sonst wird der Teig zu flüssig. Auch tiefgefrorenes Gemüse wie z. B. Erbsen, Spinat oder Brokkoliröschen eignet sich. Besonders aromatisch schmecken getrocknete Tomaten oder Pilze.

Nüsse und Samen

Nüsse und Samen können Sie gemahlen zusammen mit dem Mehl in den Teig geben, klein gehackt am Ende unter den Teig heben oder als Garnierung auf die Muffins streuen. Mild schmecken Mandeln, Sesamsamen, Sonnenblumen- oder Pinienkerne. Haselnüsse, Walnüsse, Pistazien, Mohn oder Kürbiskerne sind kräftiger. Kokosflocken oder -chips geben dem Gebäck einen exotischen Touch.

Schinken, Käse & Co.

Sie verfeinern deftig-pikante Muffins und sorgen für mehr Gehalt. Auch hier sind Ihrer Fantasie keine Grenzen gesetzt. Sie können Speck- oder Schinkenwürfel unterheben, Cabanossi, Schafskäsewürfel, geraspelten Käse, Krabben, gebratene Fleischwürfel oder sogar die klein gewürfelten Bratenreste vom Vortag verwenden.

Aromageber

Gewürze machen die kleinen Törtchen erst so richtig interessant. Für die süßen Varianten kommen die Klassiker Vanille, abgeriebene Zitronen- oder Orangenschale oder Zimt in Frage. Aber auch Anis, Ingwerpulver oder Kardamom schmecken toll. Für Weihnachtsmuffins Lebkuchengewürz in den Teig geben. Für pikante Muffins können Sie Ihr Gewürzregal plündern: Von Paprikapulver über Currypulver bis hin zu Chilipulver ist alles möglich. Ungewöhnlich aber gut: 1 Prise Chili in Schokoladenmuffins.

MUFFINS

Kräuter wie Basilikum, Petersilie, Schnittlauch oder Koriander machen herzhafte Muffins noch besser, egal ob frisch oder getrocknet.
Für eine herbe Kaffeenote können Sie lösliches Kaffeepulver unter die trockenen Zutaten mischen oder einen Teil der Flüssigkeit durch aufgebrühten Kaffee ersetzen.
Für Schokoladenmuffins Kakaopulver unter die trockenen Zutaten mischen oder Schokoladenstücke unter den fertigen Teig ziehen. Gekaufte Schokotröpfchen haben den Vorteil, dass sie beim Backen nicht schmelzen und die Form behalten. Sie können aber auch einfach Kuvertüre oder Schokolade grob hacken.
Für Muffins mit Schwips einen Schuss Schnaps oder Likör, z. B. Kirschwasser, Orangenlikör, Mandellikör oder Kokoslikör, zum Teig geben. Für Kinder Alkohol im Teig durch Saft oder Sirup ersetzen.

Einfach abgespeckt: Muffins Low fat

Auch wer auf die schlanke Linie achtet, braucht auf Muffins nicht zu verzichten. Mit diesen Tipps wird jedes Muffinrezept diättauglich.
• Verwenden Sie Buttermilch, Molke oder Saft als Flüssigkeit für Ihren Teig. Sie enthalten so gut wie kein Fett.
• Ersetzen Sie fettreiche Nüsse im Teig ganz oder teilweise durch Haferflocken oder Mehl.

• Strecken Sie den Teig mit einem geraspelten Apfel oder einer geraspelten Möhre, erhöhen Sie den Obstanteil bei fruchtigen und den Gemüseanteil bei pikanten Muffins.
• Bei pikanten Muffins statt Schinkenspeckwürfeln Kochschinken oder Putenbrust und fettarmen Käse (weniger als 30 % Fett) statt normalem Käse nehmen.
• Verwenden Sie Papierförmchen – so sparen Sie das Fett für die Form.
• Verzichten Sie auf einen fettreichen Schokoladen-

überzug. Bestäuben Sie die fertigen Törtchen besser mit wenig Puderzucker.

Tipp
Auch kann man Kalorien sparen, indem man die Zuckermenge auf 2/3 reduziert und dafür eine zerdrückte reife Banane mit in den Teig gibt. Die süßt auf sanfte Art.

Das Backen

Gut in Form

Muffinformen und -bleche gibt es mittlerweile in jedem großen Supermarkt oder Haushaltswarengeschäft. Das typische Muffinblech hat 12 Mulden, weshalb auch fast alle Rezepte für 12 Muffins berechnet sind. Es gibt jedoch auch Bleche mit 6 Mulden – ideal für den kleinen Haushalt. Außerdem gibt es spezielle Bleche für Minimuffins – toll für Kindergeburtstage oder für Partyhäppchen – oder mit Vertiefungen z. B. in Herz- oder Sternform für besondere Anlässe. Empfehlenswert sind Bleche mit Antihaftbeschichtung, aus denen sich die Muffins gut lösen lassen. Unbeschichtete Formen immer gut fetten

Muffins

und mit etwas Zucker oder Paniermehl ausstreuen oder aber Papierförmchen verwenden. Ganz neu sind flexible Silikonformen, die gar nicht gefettet werden müssen und aus denen sich das Gebäck mühelos löst. Sie sind sogar gefriergeeignet und spülmaschinenfest. Der Nachteil: Die Muffins bräunen nicht so gut wie in Metallformen.

Tipp
Stellen Sie die gefettete Form für 10 Minuten ins Gefrierfach. Das angefrorene Fett kann sich so nicht sofort mit dem Teig verbinden und sorgt für eine schöne Kruste.

Einfetten oder Papierförmchen?
Beide Methoden haben Vor- und Nachteile. Probieren Sie einfach aus, was Sie besser finden.
Vorteil von Papierförmchen: Das Gebäck löst sich gut aus der Form, sieht hübsch aus und Sie ersparen sich lästiges Schrubben, da die Form sauber bleibt. Für Weihnachten, Ostern, Kindergeburtstage oder andere Anlässe finden Sie Papierförmchen mit passenden Motiven. Allerdings bekommen die Muffins nicht so eine schöne Kruste und bei extrasaftigen Muffins lassen sich die Förmchen nach dem Backen oft nur schwer vom Gebäck lösen.
Fetten Sie die Muffinform ein, bekommen die Muffins rundherum eine knusprige Kruste. Der Nachteil ist, Sie brauchen mehr Fett, die Muffins lösen sich nicht ganz so leicht und Sie haben mehr Mühe beim Säubern der Form.

Tipp
Bei Formen mit Antihaftbeschichtungen reicht es, nur den Boden der Mulden einzufetten.

Im Ofen

Heizen Sie den Ofen unbedingt vor und öffnen Sie die Ofentür beim Backen in den ersten 15 Minuten nicht. Nur so gehen die Muffins während ihrer kurzen Backzeit optimal auf. Die meisten Muffins werden bei 180 Grad bei Ober- und Unterhitze gebacken. Auch das Backen mit Umluft ist möglich, die Backtemperatur muss dann etwas niedriger als bei Ober- und Unterhitze eingestellt werden. Da nicht jeder Herd gleich backt, sollten Sie eine Garprobe machen, bevor sie die Muffins aus dem Ofen nehmen. Dazu mit einem Holzstäbchen in das Gebäck stechen. Klebt noch Teig am Stäbchen, brauchen die Muffins noch ein paar Minuten.

MUFFINS

Aus der Form lösen
Gönnen Sie den Muffins nach dem Backen erst noch eine kleine Ruhezeit von 5–10 Minuten in der Form. Dann erst die kleinen Kuchen durch Drehen aus den Mulden lösen und auf einem Kuchengitter oder auf dem Backofenrost auskühlen lassen. In der Form werden die Muffins sonst zu matschig.

Tipp
Stellen Sie die Form beim Abkühlen auf ein feuchtes Tuch – so lassen sich die Muffins leichter lösen.

Muffins auf Vorrat

Übrig gebliebene Muffins halten gut verschlossen und kühl gelagert in einer Blech- oder Plastikdose oder in einem Gefrierbeutel aufbewahrt bis zu einer Woche, schmecken aber nicht mehr so gut wie frische. Dabei halten trockene Muffins länger als Muffins mit Frucht- oder Gemüsestücken im Teig. Gut verpackt und eingefroren bleiben die kleinen Kuchen mindestens 3 Monate frisch. Diese vor dem Verzehr einfach im Backofen bei 200 Grad einige Minuten aufbacken. Ganz Clevere bereiten Muffins eiskalt vor: Teig nach Rezept zubereiten, in das mit Papierförmchen ausgelegte Muffinblech füllen und das ganze Blech in die Tiefkühltruhe stellen. Wenn der Teig komplett durchgefroren ist, die Muffinrohlinge aus der Form lösen und in Gefrierbeuteln verpackt einfrieren. Jetzt können Sie die Muffins bei Bedarf wieder in die Form setzen und wie im Rezept beschrieben backen. Die Backzeit verlängert sich dabei allerdings um ca. 10 Minuten. Dieser tiefgekühlte Vorrat eignet sich perfekt für Spontanbesuche oder wenn Sie einfach mal zwischendurch Lust auf Muffins haben.

Fein gemacht

Machen Sie ihre fertigen Muffins zum Star – mit etwas »Make-up« wird das Gebäck noch schöner. Wer es schnell und schlicht mag, bestäubt die fertigen Muffins einfach mit Puderzucker. Auch ein Klassiker ist Zuckerguss. Dazu Puderzucker mit wenig Flüssigkeit, z. B. Wasser, Zitronen-, Orangen- oder Kirschsaft, Rum oder Likör, glatt rühren und die Muffins damit bestreichen. Wer es bunt mag, bestreut den noch feuchten Guss mit Zuckerstreuseln, Schokoraspeln, Liebesperlen oder

11

Muffins

Ähnlichem – der Hit auch für Kindergeburtstage. Mit Zuckerschrift aus der Tube können Sie auf den Muffins richtig schreiben oder malen. Wie wäre es z. B. am Muttertag mit einem Muffin »Für Mutti« oder am Valentinstag mit gemalten Herzchen für den Liebsten? Für einen Schokoladenüberzug weiße, helle oder dunkle Kuvertüre grob hacken und im Wasserbad schmelzen. Anschließend auf den Muffins verteilen und nach Wunsch mit Schokostreuseln, Weingummiherzchen, Mokkabohnen oder gehackten Nüssen garnieren – der Fantasie sind kaum Grenzen gesetzt!

Oder aber dunkle Kuvertüre auftragen und mit heller marmorieren. Fertige oder selbst gemachte Marzipanfiguren sind ebenfalls eine schöne Garnierung. Dazu Marzipanrohmasse nach Wunsch mit Lebensmittelfarbe einfärben und in die gewünschte Form bringen. Für Weihnachtsmuffins z. B. jeden Muffin mit einem Marzipanstern krönen, zu Rüblimuffins passen Marzipanmöhren. Saftig und aromatisch werden Muffins, wenn sie nach dem Backen mit Sirup, Saft oder Alkoholischem wie z. B. Likör getränkt werden. Gut durchziehen lassen, dann entfaltet sich das Aroma.

Tipp
Ihre Muffins sind zu trocken geraten? Durch Tränken werden sie saftig. Das funktioniert am besten mit einer größeren Einwegspritze aus der Apotheke. Flüssigkeit aufziehen und in jeden Muffin mehrere kleine Portionen spritzen, indem Sie mit der Spritze hineinstechen und leicht drücken.

Muffins servieren: Was passt dazu?

Der Klassiker zu süßen Muffins ist Schlagsahne. Durch die Zugabe von Vanillinzucker, Zimt, Orangen- oder Zitronenschale sorgen Sie für Abwechslung. Für eine leichte Jogurtsahne kurz bevor die Sahne steif wird etwas Jogurt beim Schlagen einfließen lassen – besonders lecker mit Vanille- oder Kokosjogurt. Mit einer solchen Creme können Sie die Muffins auch füllen: das fertige Gebäck quer halbieren, mit Creme bestreichen und den »Deckel« wieder aufsetzen.
Auch herzhafte Muffins können auf diese Weise angereichert werden. Hierzu kann Gemüse püriert werden und die Creme je nach Geschmack mit verschiedenen Gewürzen oder saurer Sahne vermischt werden. Anschließend die Muffins mit Gemüsecreme füllen oder als Dip dazu reichen. Weniger kalorienreich und sehr aromatisch zu süßen Muffins sind Fruchtsaucen aus frischen oder tiefgekühlten Beeren oder Aprikosen. Dazu das Obst mit etwas Puderzucker und Zitronensaft pürieren und nach Wunsch mit Likör strecken. Zu schlichten Muffins passt Butter und Marmelade oder ein Obstsalat. Schließlich bleibt noch die »Kaffeevariante«: einfach den Muffin pur zur heißen Kaffeeköstlichkeit genießen.
Zu pikanten Muffins Dips servieren, wie z. B. Kräuterquark, Frischkäse, Olivenpaste oder eine Tomatensalsa. Schließlich können die herzhaften Muffins als Beilage zu einer Suppe oder einem Eintopf dienen.

Süsse Varianten

SÜSSE VARIANTEN

Schoko-Baileys-Muffins (Abb. S. 13 rechts)

Zutaten:
260 g Mehl
2 TL Backpulver
1/2 TL Natron
100 g Schokolade
1 Ei, 140 g Zucker
125 g Butter oder
Margarine
1/4 l Milch
3–4 EL Baileys
1 Päckchen Vanillin-
zucker
Fett für das Blech
200 g Halbbitter-
kuvertüre
Schokolade zum
Garnieren

■ Mehl mit Backpulver und Natron vermengen, Schokolade hacken und zufügen. Ei, Zucker und Butter oder Margarine schaumig rühren, Milch, Baileys, Vanillinzucker und die Mehl-Schokoladen-Mischung nacheinander unterrühren.
■ Teigmischung in die gefetteten Mulden eines Muffinblechs verteilen und im vorgeheizten Backofen bei 160 Grad 20–25 Minuten backen.
■ Blech aus dem Ofen nehmen, Muffins in der Form 5 Minuten auskühlen lassen und anschließend auf ein Ku-

chengitter legen.
■ Inzwischen Kuvertüre nach Packungsanleitung schmelzen. Die abgekühlten Muffins damit bestreichen. Zum Garnieren Schokolade raspeln und das Gebäck mit den süßen Flocken verzieren.

Zubereitungszeit: 30 Min.

EW	Fett	KH	kcal/kJ
6 g	16 g	49 g	372/1562

Kokoslikörmuffins (Abb. S. 13 links)

Zutaten:
Fett für das Blech
Für die Füllung:
100 g Frischkäse
1 EL Kokosraspel
1 EL Kokoslikör
2 EL Puderzucker
Für den Teig:
250 g Mehl
60 g Kokosraspel
2 TL Backpulver
1/2 TL Natron
2 Eier
100 g Zucker
80 ml Öl
300 g saure Sahne
Zum Garnieren:
150 g Puderzucker
2–3 EL Kokoslikör
Kokosraspel

■ Muffinblech einfetten oder Papierförmchen in die Vertiefungen hineinsetzen. Backofen auf 180 Grad vorheizen.
■ Für die Füllung Frischkäse mit Kokosraspeln, Likör und Puderzucker verrühren. Mischung beiseite stellen.
■ Für den Teig Mehl mit Kokosraspeln, Backpulver und Natron gut vermischen. In einer zweiten Schüssel Eier leicht verquirlen, Zucker, Öl und saure Sahne dazugeben und alles gut verrühren. Die Mehlmischung zur Eimasse geben und nur so lange rühren, bis die trockenen Zutaten feucht sind.
■ Die Hälfte des Teigs in die Vertiefungen einfüllen. Die Füllung darauf verteilen und

mit dem restlichen Teig auffüllen. Im heißen Backofen 20–25 Minuten backen. Anschließend die Muffins noch 5 Minuten im Blech ruhen lassen, dann herausnehmen und auf einem Kuchengitter abkühlen lassen.
■ Zum Garnieren Puderzucker mit Kokoslikör zu einem dicklichen Guss verrühren, die Muffins damit einpinseln und mit Kokosraspeln bestreuen.

Zubereitungszeit: 35 Min.

EW	Fett	KH	kcal/kJ
5 g	18 g	42 g	353/1483

SÜSSE VARIANTEN
Kürbis-Haselnuss-Muffins

- Backofen auf 200 Grad vorheizen. Muffinblech einfetten und mit Mehl bestäuben.
- Butter schmelzen und wieder etwas abkühlen lassen. Mit Jogurt, Ei und Zucker verrühren.
- Zitrone heiß waschen, abtrocknen und 1 TL Schale abreiben. 2 EL Saft auspressen. Kürbisfruchtfleisch fein raspeln und mit Apfelsaft, Zitronensaft und -schale vermengen. Mehl mit Nüssen und Backpulver mischen. Kürbis- und Buttermischung zugeben, alles kurz, aber gründlich vermengen.
- Die Mulden des Muffinblechs zu ca. 2/3 mit Teig füllen und die Muffins im heißen Ofen auf der zweiten Schiene von unten ca. 40 Minuten goldbraun backen.
- Muffins erst 5 Minuten im Blech abkühlen lassen, anschließend auf ein Kuchengitter legen. Warm oder kalt servieren.

Tipp
Sie können das Rezept variieren, indem die Zitronenschale durch Vanillearoma und die Haselnüsse durch Mandeln oder Erdnüsse ersetzt werden.

Zutaten:
Fett und Mehl für das Blech
120 g Butter
200 g Jogurt
1 Ei
125 g brauner Zucker
1 Zitrone (unbehandelt)
150 g Kürbisfruchtfleisch
50 ml Apfelsaft
225 g Mehl (Type 1050)
100 g Haselnüsse, gemahlen
1 geh. TL Backpulver

Zubereitungszeit: 25 Min.

EW	Fett	KH	kcal/kJ
4 g	15 g	26 g	253/1058

15

SÜSSE VARIANTEN
Coca-Cola-Muffins

Zutaten:
280 g Mehl
3 TL Backpulver
1/2 TL Zimt
50 g Walnüsse, gehackt
50 g Schokoraspel
1 Ei
150 g Zucker
125 g weiche Butter
150 ml Coca-Cola
100 ml Buttermilch
60 g Puderzucker
1–2 EL Coca-Cola
Colafläschchen aus Fruchtgummi zum Garnieren

Zubereitungszeit: 25 Min.

EW	Fett	KH	kcal/kJ
4 g	4 g	19 g	131/550

Tipp
Sie können die Cola auch durch Fanta oder eine andere Limonade ersetzen. Durch die Limonade werden die Muffins locker und schmecken erfrischend.

- Backofen auf 160 Grad vorheizen. Papierförmchen in die Mulden des Muffinblechs setzen oder auf einem Backblech bereitstellen.
- Mehl in eine Schüssel geben und gründlich mit Backpulver, Zimt, Nüssen und Schokoraspeln mischen.
- In einer zweiten Schüssel das Ei schaumig schlagen. Zucker, Butter, Cola und Buttermilch hinzufügen und gut verrühren. Dann die Mehlmischung dazugeben. Mit einem Kochlöffel nur so lange rühren, bis sich alles zu einem Teig vermischt hat.
- Die Förmchen mit Teig füllen und im heißen Backofen auf der mittleren Schiene 35 Minuten backen.
- Die Muffins noch 5 Minuten in der Form lassen, dann herausnehmen, auf einem Kuchengitter abkühlen lassen.
- Zum Garnieren Puderzucker mit Cola verrühren und auf die Muffins streichen. Zusätzlich jeden Muffin mit 1–2 Fruchtgummifläschchen garnieren.

Süsse Varianten
Frühstücksmuffins

- Apfel und Möhre schälen und putzen. Die Möhre fein raspeln, den Apfel in kleine Stückchen schneiden. Mehl, Zucker, Natron, Zimt und Salz in einer großen Schüssel gut vermischen. In einer zweiten Schüssel Eier mit Öl, Milch und Vanillinzucker verschlagen. Die flüssigen Zutaten zu den trockenen gießen und gerade so lange verrühren, bis alle Zutaten feucht sind.
- Backofen auf 200 Grad vorheizen. Apfelstückchen und Möhren- sowie Kokosraspeln, Rosinen und Mandeln unter den Teig heben. Ein Muffinblech einfetten oder Papierförmchen in die Mulden setzen. Die Mulden zu ca. 2/3 mit Teig füllen.
- Das Blech in den heißen Ofen schieben und die Muffins ca. 25 Minuten backen, bis sie oben aufreißen. Das Blech aus dem Ofen nehmen und die Muffins ca. 5 Minuten darin ruhen lassen. Dann aus den Mulden lösen und auf einem Kuchengitter abkühlen lassen.

Zutaten:
1 großer Apfel
(ca. 180 g)
1 große Möhre
(ca. 150 g)
170 g Mehl
100 g Zucker
1 1/2 TL Natron
1 TL Zimt
1/2 TL Salz
2 Eier
50 ml Öl
75 ml Milch
1 Päckchen Vanillinzucker
1 EL Kokosraspel
40 g Rosinen
20 g Mandeln, gehobelt
Fett für das Blech

Zubereitungszeit: 25 Min.

EW	Fett	KH	kcal/kJ
4 g	8 g	24 g	185/775

Süsse Varianten
Minipanettone

Zutaten:
300 g Mehl
1/2 Würfel frische Hefe (21 g)
1/4 l Milch
80 g Zucker
50 g Orangeat
50 g Rosinen
2 EL Orangensaft
60 g Brotaufstrich mit Olivenöl (z. B. von Bertolli)
50 ml Olivenöl
3 Eigelb
Salz
Schale von 1 Orange (unbehandelt)
Fett für das Blech
Puderzucker zum Bestäuben

Zubereitungszeit: 30 Min.

■ Mehl in eine Schüssel geben und in die Mitte eine Mulde drücken. Hefe in 100 ml lauwarmer Milch und einer Prise Zucker auflösen. In die Vertiefung geben und mit etwas Mehl vom Rand verrühren. Abgedeckt ca. 20 Minuten an einem warmen Ort gehen lassen.
■ Orangeat und Rosinen fein hacken und mit Orangensaft vermischen. Brotaufstrich zerlassen und zusammen mit den eingeweichten Früchten, der restlichen Milch, dem restlichen Zucker und der Orangenschale zur Hefemischung geben. Alles mit den Knethaken des Handrührgerätes zu einem glatten Teig verkneten und 6–7 Minuten auf höchster Stufe schlagen. Abgedeckt weitere 20 Minuten gehen lassen.
■ Teig noch einmal durchkneten und mit einem Löffel in die sorgfältig gefetteten Mulden eines Muffinblechs füllen. Backform auf die mittlere Schiene des kalten Backofens stellen. Backofen auf 180 Grad schalten. Die Kuchen 40–45 Minuten goldgelb backen.
■ Panettone ca. 5 Minuten in der Form auskühlen lassen, anschließend herausnehmen und mit Puderzucker bestäuben.

EW	Fett	KH	kcal/kJ
5 g	9 g	34 g	242/1016

Tipp
Statt Orangeat und Rosinen können auch getrocknete Feigen und Aprikosen verwendet werden.

SÜSSE VARIANTEN
Marmeladenmuffins

Zutaten:
80 g zarte Haferflocken
1/4 l Buttermilch
125 g Mehl
25 g Mandeln, fein gehackt
1 Päckchen Vanillinzucker
2 TL Backpulver
1/2 TL Salz
1 Ei
40 g zerlassene Butter
50 g Zucker
Fett für das Blech
150 g Marmelade oder Konfitüre (z. B. aus Erdbeeren, Kirschen oder Orangen)

Zubereitungszeit: 30 Min.

EW	Fett	KH	kcal/kJ
4 g	5 g	26 g	170/710

- Haferflocken unter die Buttermilch mischen und ca. 1 Stunde darin einweichen.
- In einer großen Schüssel Mehl, Mandeln, Vanillinzucker, Backpulver und Salz mischen. In einer zweiten Schüssel Ei mit Butter und Zucker cremig rühren.
- Die Haferflockenmischung unter die Buttercreme rühren, anschließend zur Mehlmischung geben und so lange verrühren, bis alle Zutaten gerade miteinander vermischt sind.
- Backofen auf 200 Grad vorheizen. Ein Muffinblech einfetten oder Papierförmchen in die Vertiefungen hineinsetzen. Die Mulden zu ca. 1/3 mit Teig füllen. Auf den Teig jeweils 1 geh. TL Marmelade oder Konfitüre geben und anschließend die Mulden mit restlichem Teig auffüllen.
- Das Blech in den heißen Ofen schieben und die Muffins 25–30 Minuten backen, bis sie oben aufreißen. Blech aus dem Ofen nehmen und die Muffins 5 Minuten darin ruhen lassen. Dann aus den Mulden lösen und auf einem Kuchengitter abkühlen lassen. Nach Wunsch mit Marmelade, Konfitüre oder Butter servieren. Schmecken warm und kalt.

SÜSSE VARIANTEN
Cocktailtörtchen

Zutaten:
175 g Margarine
abgeriebene Schale von
1 Orange (unbehandelt)
75 g Zucker
3 Eier
175 g Speisestärke
(z. B. von Mondamin)
75 g Mehl
1/2 gestr. TL Backpulver
1/8 l Orangensaft,
frisch gepresst
1 TL Puderzucker
2 EL Orangenlikör
Zum Garnieren:
kandierte Orangen
rote Belegkirschen
Puderzucker

Zubereitungszeit: 35 Min.

EW	Fett	KH	kcal/kJ
2 g	10 g	19 g	178/743

■ Jeweils 2 Papierförmchen ineinander legen und auf ein Backblech setzen.
■ Margarine in eine Schüssel geben. Orangenschale, Zucker, Eier, Speisestärke, Mehl und Backpulver daraufgeben und alles mit einem Handrührgerät auf höchster Stufe ca. 2 Minuten gut verrühren.
■ Mit 2 Teelöffeln den Teig in die Förmchen füllen. Die Törtchen im vorgeheizten Backofen bei 200–225 Grad 20–25 Minuten backen. Die warmen Törtchen mit einer Gabel mehrmals einstechen.
■ Orangensaft mit Puderzucker und Likör verrühren, in die Einstiche träufeln. Für die Garnitur Orangen vierteln und mit den Belegkirschen auf Holzspießchen stecken. Törtchen damit verzieren und mit Puderzucker bestäuben.
■ Ergibt 16 Stück.

Tipp
Die kleinen Törtchen sehen auf dem Büffet besonders dekorativ aus.

20

SÜSSE VARIANTEN
Haferflockenmuffins

Zutaten:
80 g zarte Haferflocken
1/4 l Buttermilch
200 g Mehl
2 TL Backpulver
1 TL Zimt
1/2 TL Salz
50 g weiche Butter
oder Margarine
80 g brauner Zucker
1 Ei
Fett für das Blech
1 EL Zucker

Zubereitungszeit: 20 Min.

EW	Fett	KH	kcal/kJ
4 g	5 g	25 g	160/680

- Haferflocken unter die Buttermilch rühren und die Mischung etwa 1 Stunde stehen lassen.
- In einer großen Schüssel Mehl, Backpulver, 1/2 TL Zimt und Salz mischen. In einer zweiten Schüssel Butter oder Margarine, braunen Zucker und Ei cremig schlagen.
- Die Haferflockenmischung zuerst unter die Buttercreme und dann alles unter die Mehlmischung rühren, bis die Zutaten gerade miteinander vermengt sind.
- Backofen auf 200 Grad vorheizen. Ein Muffinblech einfetten oder Papierförmchen in die Vertiefungen setzen. Die Mulden zu ca. 2/3 mit Teig füllen. 1 EL Zucker mit dem restlichen Zimt mischen und über den Teig streuen.
- Das Blech in den heißen Ofen schieben und die Muffins 25–30 Minuten backen, bis sie oben aufreißen. Das Blech aus dem Ofen nehmen und die Muffins 5 Minuten ruhen lassen. Dann aus den Mulden lösen und auf einem Kuchengitter abkühlen lassen.

Tipp
Statt Haferflocken können auch andere Getreideflocken, z. B. aus Weizen oder Dinkel, verwendet werden. Servieren Sie die Muffins ofenfrisch mit Butter und Konfitüre.

SÜSSE VARIANTEN
Zimtmuffins

Zutaten:
Fett für das Blech
240 g Mehl
2 TL Backpulver
1 Päckchen Bourbon-Vanillezucker
1/2 TL Salz
150 g Butter
200 g Zucker
1 Ei
110 g saure Sahne
60 ml Milch
1 TL Zimt

Zubereitungszeit: 20 Min.

EW	Fett	KH	kcal/kJ
3 g	14 g	33 g	272/1142

■ Backofen auf 190 Grad vorheizen. Muffinblech einfetten oder mit Papierförmchen auslegen.
■ Mehl, Backpulver, Vanillezucker und Salz in einer großen Schüssel mit einem Schneebesen vermischen. 80 g Butter zerlassen und mit 100 g Zucker, Ei, saurer Sahne und Milch mit einem Schneebesen in einer zweiten Schüssel gut vermischen.
■ Die flüssigen Zutaten in die Mehlmischung geben und vermengen, bis das Mehl ganz untergearbeitet ist.
■ Den Teig gleichmäßig auf die Muffinformen verteilen und die Muffins auf der mittleren Schiene des Ofens 18–20 Minuten backen, bis sie leicht bräunlich sind. Die Muffins nach 10 Minuten aus den Vertiefungen herausnehmen und auf einem Gitterrost abkühlen lassen.
■ Restliche Butter zerlassen und in eine kleine Schüssel geben. Restlichen Zucker und

Zimt in eine andere kleine Schüssel geben und vermischen. Wenn die Muffins nicht mehr heiß sind, jeden Muffinkopf erst kurz in die Butter und dann in den Zimtzucker tauchen. Muffins am besten warm und frisch genießen.

SÜSSE VARIANTEN
Latte-Macchiato-Muffins

Zutaten:
Fett für das Blech
Für den Teig:
80 g Mokkabohnen
280 g Mehl
1 EL Kakaopulver
3 TL Backpulver
60 g Margarine
2 Eier
100 g Zucker
150 ml starker Kaffee
(oder Espresso)
150 ml Milch
Für die Glasur:
150 g Puderzucker
2 EL Kaffee
2 EL Cremefine
12 Mokkabohnen
zum Garnieren

Zubereitungszeit: 25 Min.

- Muffinblech einfetten. Mokkabohnen grob hacken. Mit Mehl, Kakao- und Backpulver mischen.
- Margarine zerlassen, abkühlen lassen. Mit Eiern und Zucker verrühren. Kaffee vollständig erkalten lassen, zusammen mit der Milch zugeben und alles gut vermischen. Mehlmischung zur Eimasse geben und nur so lange rühren, bis die trockenen Zutaten feucht sind. Muffinmulden mit Teig füllen.
- Im vorgeheizten Backofen bei 180 Grad ca. 25 Minuten backen. Muffins im Blech ca. 5 Minuten ruhen lassen, dann herausnehmen und auf einem Kuchengitter abkühlen lassen.
- Für die Glasur Puderzucker mit Kaffee und Cremefine glatt rühren. Muffins mit der Glasur bepinseln und mit je 1 Mokkabohne garnieren.

EW	Fett	KH	kcal/kJ
5 g	7 g	38 g	239/998

Tipp
Reichen Sie dazu einen Latte Macchiato spezial: einfach 1/8 l Milch erhitzen und schaumig schlagen. 4 cl Kaffeelikör in ein hohes Glas füllen, Milch dazugießen. 30 ml Espresso mit 1 TL Zucker verrühren und über einen umgedrehten Kaffeelöffel in die heiße Milch laufen lassen.

Süsse Varianten
Gewürzmuffins

Zutaten:
100 g Butter
3 Eier
150 g Zucker
200 g Jogurt
300 g Mehl
2 TL Backpulver
2 EL Zitronat
2 EL Rosinen
1 TL Lebkuchengewürz und/oder Zimt
1 Prise Salz
Fett und Mehl für das Blech
Puderzucker

EW	Fett	KH	kcal/kJ
10 g	5 g	37 g	256/1075

Tipp
Falls Sie Zitronat und Rosinen nicht mögen, ersetzen Sie das eine durch 2 EL gehackte Nüsse, das andere durch 2 EL gehackte Zartbitterschokolade oder -kuvertüre.

■ Backofen auf 180 Grad vorheizen. Butter zerlassen, diese soll dabei aber nicht heiß werden. Eier und Zucker mit einem Rührgerät schaumig schlagen. Jogurt und Butter kurz unterrühren.
■ Mehl, Backpulver, Zitronat und Rosinen mit Gewürzen sowie Salz mischen. Alles zusammen mit Jogurt-Eier-Mischung vermengen, dabei nur so lange rühren, bis sich die Masse verbindet.
■ Muffinblech einfetten und mit Mehl ausstäuben oder je 2 Papierförmchen ineinander setzen und auf ein Backblech stellen. Teig in die Formen verteilen und auf der mittleren Schiene im Ofen 20–25 Minuten backen.
■ Aus dem Ofen nehmen, kurz stehen lassen und Muffins aus den Vertiefungen herausnehmen, auf einem Kuchengitter auskühlen lassen. Mit Puderzucker bestreut servieren.

Zubereitungszeit: 20 Min.

Ingwermuffins

Zutaten:
60 g frischer Ingwer
150 g Zucker
2 EL Zitronenschale (unbehandelt)

■ Ingwer schälen und in sehr kleine Stückchen schneiden. Ingwer und 50 g Zucker in einen kleinen Topf geben und den Zucker bei mittlerer Hitze in kurzer Zeit schmelzen lassen. Die Mischung abkühlen lassen.
■ Zitronenschale und 3 TL Zucker im Mixer fein zerkleinern

SÜSSE VARIANTEN
Ingwermuffins *(Fortsetzung)*

und zu der Zucker-Ingwer-Mischung geben. Butter mit dem restlichen Zucker in einer Schüssel cremig rühren. Eier dazugeben, alles mischen und dabei den Jogurt hinzufügen.
- Mehl, Salz, Backpulver und Zitronen-Ingwer-Mischung hinzugeben. Backofen auf 200 Grad vorheizen. Muffinblech einfetten oder Papierförmchen in die Vertiefungen setzen. Die Mulden zu ca. 2/3 mit Teig füllen.
- Das Blech in den heißen Ofen schieben und die Muffins ca. 20 Minuten backen, bis sie oben aufreißen. Das Blech aus dem Ofen nehmen und die Muffins 5 Minuten darin ruhen lassen. Dann aus den Mulden lösen und auf einem Kuchengitter abkühlen lassen.

Tipp
Frischen Ingwer hauchdünn schälen, denn die wichtigen Wirkstoffe sitzen unter der Schale. Getrockneter Ingwer oder Ingwerpulver ist kein gleichwertiger Ersatz für frischen – er schmeckt anders und ist in seiner Wirkung wesentlich dezenter.

100 g weiche Butter
2 Eier
250 g Jogurt
250 g Mehl
1/2 TL Salz
1 TL Backpulver
Fett für das Blech

Zubereitungszeit: 25 Min.

EW	Fett	KH	kcal/kJ
4 g	9 g	33 g	240/1000

Süsse Varianten
Sweet Muffins

Zutaten:
175 g Butter oder Margarine
125 g Zucker
1 Päckchen Vanillinzucker
4 Eier
225 g Mehl
1 TL Backpulver
3–4 EL Milch
4 EL Nutella
100 g Nüsse, gehackt
Fett für die Förmchen
Puderzucker zum Bestäuben

Zubereitungszeit: 30 Min.

EW	Fett	KH	kcal/kJ
11 g	32 g	49 g	527/2205

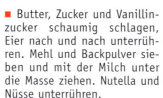

- Butter, Zucker und Vanillinzucker schaumig schlagen, Eier nach und nach unterrühren. Mehl und Backpulver sieben und mit der Milch unter die Masse ziehen. Nutella und Nüsse unterrühren.
- Teig in gefettete feuerfeste Förmchen füllen und im vorgeheizten Backofen bei 180 Grad ca. 20 Minuten backen. Muffins mit Puderzucker bestäubt servieren.
- Ergibt 8 Stück.

Müslimuffins

Zutaten:
Fett für das Blech
2 Eier, 30 g Butter
100 g Rohrzucker
150 g Jogurt
100 g Mehl
1 1/2 TL Backpulver
200 g ungesüßtes Müsli
etwas Aprikosenkonfitüre

Zubereitungszeit: 15 Min.

- Muffinblech einfetten und kühl stellen. Backofen auf 200 Grad vorheizen.
- Eier schaumig schlagen. Butter schmelzen und mit Zucker und Jogurt einrühren.
- Mehl und Backpulver sieben, mit Müsli (3 EL davon beiseite stellen) vermischen. In die Eimasse rühren.
- Die Vertiefungen der Form zu ca. 2/3 mit Teig füllen, restliches Müsli darüberstreuen. Muffins 15–20 Minuten backen.
- Blech aus dem Backofen nehmen, 5–10 Minuten abkühlen lassen, dann die Muffins herauslösen. Mit erwärmter Konfitüre bestreichen.

EW	Fett	KH	kcal/kJ
4 g	4 g	28 g	166/697

SÜSSE VARIANTEN
Grieß-Kirsch-Muffins

Zutaten:
Für den Teig:
1 kleines Glas Sauerkirschen (185 g Abtropfgewicht)
100 g Butter
6 EL Zucker
1 Päckchen Vanillinzucker
2 Eier
6 EL Weizenmehl
6 EL Weichweizengrieß
1 Päckchen Backpulver
1 Becher Naturjogurt (100 g)
Fett für das Blech
Zum Garnieren:
1 Eiweiß
6 EL Puderzucker
Kokosraspel
Gummibärchen

■ Sauerkirschen auf einem Sieb gut abtropfen lassen. Inzwischen die Butter mit Zucker und Vanillinzucker schaumig schlagen, dabei nach und nach die Eier dazugeben.

■ Mehl, Grieß und Backpulver vermischen. Zusammen mit dem Jogurt unter die Schaummasse rühren. Die abgetropften Kirschen anschließend unter die Masse heben.

■ Den Teig in die gefetteten Mulden eines Muffinblechs geben. Bei 180 Grad im vorgeheizten Ofen ca. 20 Minuten backen.

■ Für den Zuckerguss das Eiweiß mit Puderzucker verschlagen und die Muffins damit bepinseln. Muffinränder mit Kokosraspeln bestreuen und in der Mitte mit Gummibärchen verzieren.

Zubereitungszeit: 20 Min.

EW	Fett	KH	kcal/kJ
8 g	32 g	51 g	529/2222

Tipp
Weizenmehl der Type 405 eignet sich hervorragend für die Herstellung von Gebäck. Durch die hohe Backfähigkeit des hellen, sehr fein gemahlenen Mehls verbinden sich die Teigzutaten optimal zu einem gleichmäßigen Teig.

Süsse Varianten
Mandelmuffins mit Butterstreusel

Zutaten:
Fett für das Blech
Für den Teig:
280 g Mehl
70 g Zucker
1 Päckchen Bourbon-Vanillezucker
1 1/2 TL Natron
1/2 TL Salz
40 g Butter
1 Ei
220 g Jogurt
1/4 TL Bittermandelaroma
50 g Mandeln, gehackt
Für die Streusel:
3 EL Butter
40 g Mehl
50 g brauner Zucker
50 g Mandeln, gehackt

Zubereitungszeit: 40 Min.

EW	Fett	KH	kcal/kJ
5 g	10 g	3 g	240/1000

- Backofen auf 200 Grad vorheizen. Muffinblech einfetten oder die Vertiefungen der Form mit Papierförmchen auslegen.
- Für den Teig Mehl, Zucker, Vanillezucker, Natron und Salz in einer großen Schüssel mit einem Schneebesen vermischen. Butter zerlassen und mit Ei, Jogurt und Bittermandelaroma mit einem Schneebesen in einer zweiten Schüssel gut vermengen.
- Die flüssigen Zutaten in die Mehlmischung geben und vorsichtig vermischen, bis das Mehl ganz eingearbeitet ist. Teig mit einem Löffel gleichmäßig auf die Muffinformen verteilen und jeden Muffin mit gehackten Mandeln bestreuen.
- Die Muffins im Backofen auf der mittleren Schiene 18–20 Minuten goldbraun backen. Inzwischen für die Streusel Butter zerlassen und 2/3 davon in eine Schüssel geben. Mehl, braunen Zucker und gehackte Mandeln zugeben und alles gut vermischen. Den Teig zwischen den Händen zu Bröseln verreiben.
- Muffinblech aus dem Ofen nehmen, nach 10 Minuten Muffins aus der Form lösen und auf ein Kuchengitter geben. Muffins in restliche, zerlassene Butter tauchen und in die Streusel tunken.

Tipp
Nach Wunsch kann 1 TL Zimt in die Streuselmasse gemischt werden.

SÜSSE VARIANTEN
Nougatmuffins (Abb. links)

- Backofen auf 175 Grad vorheizen. Muffinblech einfetten oder Vertiefungen mit Papierförmchen auslegen.
- Nougat im heißen Wasserbad schmelzen. Eier mit Zucker, Butter und Buttermilch gut verquirlen. In einer zweiten Schüssel Mehl, Nüsse, Backpulver, Salz und Natron vermischen und anschließend unter die Eimasse heben. Teig halbieren. Die Hälfte des lauwarmen Nougats unter die eine Hälfte Teig rühren.
- Erst Nougatteig in die Vertiefungen der Form verteilen, dann den hellen Teig daraufgeben. Teig mit Hilfe einer Gabel marmorieren.
- Muffins im heißen Backofen ca. 25 Minuten backen. Gebäck nach 5 Minuten aus den Förmchen nehmen, abkühlen lassen. Weiße Kuvertüre nach Packungsangabe schmelzen. Muffins erst mit restlicher, flüssiger Nougatmasse überziehen, dann mit heller Kuvertüre beträufeln. Die zwei Schichten mit einem Holzspieß oder Löffelstiel marmorieren.

Tipp
Nussnougat selbst gemacht: 300 g Puderzucker in einer Pfanne schmelzen, 300 g gemahlene Haselnüsse zufügen und verrühren. Masse auf Backpapier streichen und abkühlen lassen, dann mit einem Pürierstab 10–20 Minuten zerkleinern, bis sie fein genug ist. 300 g geschmolzene Schokolade mit dem Handrührgerät zufügen.

Zutaten:
Fett für das Blech
200 g Nussnougat
2 Eier
100 g Zucker
100 g Butter
300 ml Buttermilch
220 g Mehl
75 g Haselnüsse, gemahlen
1 geh. TL Backpulver
1 Prise Salz
1/2 TL Natron
100 g weiße Kuvertüre

Zubereitungszeit: 40 Min.

EW	Fett	KH	kcal/kJ
6 g	18 g	40 g	346/1453

SÜSSE VARIANTEN

Tiramisumuffins *(Abb. S. 29 rechts)*

Zutaten:
Fett für das Blech
100 g Löffelbiskuits
200 g Mehl
2 TL Backpulver
1 Ei, 100 ml Öl
100 ml Milch
100 g Zucker
1 Beutel Orangeback
200 ml kalter starker
Kaffee
4 cl Marsala
Für die Creme:
100 g Magerquark
50 g Zucker
250 g Mascarpone
Kakaopulver oder Puder-
zucker zum Bestäuben
1 Packung Schoko-
Mokka-Bohnen zum
Garnieren

■ Backofen auf 200 Grad vorheizen. Muffinblech einfetten oder mit Papierförmchen auslegen.
■ Löffelbiskuits in einen Gefrierbeutel geben und mit einem Nudelholz fein zerbröseln. Mit Mehl und Backpulver vermischen. In einer zweiten Schüssel Ei, Öl, Milch, Zucker und Orangeback kräftig verrühren. Mehlmischung dazugeben und unterrühren.
■ Teig in die Förmchen geben und im heißen Ofen 20–25 Minuten backen. Nach ca. 5 Minuten aus der Form nehmen und abkühlen lassen.
■ Inzwischen Kaffee mit Marsala mischen. Für die Creme Magerquark mit Zucker und

Mascarpone vermischen. Muffins waagerecht halbieren. Beide Hälften mit der Kaffeemischung tränken. Untere Hälften mit 2/3 der Creme bedecken, Muffindeckel wieder aufsetzen. Mit Kakaopulver oder Puderzucker bestäuben, jeweils mit einem Klecks Creme und einer Schoko-Mokka-Bohne garnieren.

Zubereitungszeit: 40 Min.

EW	Fett	KH	kcal/kJ
7 g	20 g	35 g	356/1495

Marzipanmuffins

Zutaten:
Fett für das Blech
140 g Mehl
1 TL Backpulver
1/2 TL Natron
50 g Mandeln,
gemahlen
100 g Butter
100 g Marzipan-
rohmasse
80 g brauner Zucker
1 Päckchen
Vanillinzucker
1 Msp. Salz
1 TL Zitronenschale
2 Eier
70 ml Milch

■ Backofen auf 200 Grad vorheizen. Muffinblech gut einfetten oder Papierförmchen in die Vertiefungen setzen.
■ Mehl, Backpulver, Natron und Mandeln in einer Schüssel mischen. In einer zweiten Schüssel Butter und Marzipan schaumig schlagen und dann Zucker, Vanillinzucker, Salz, Zitronenschale, Eier und Milch ebenfalls schaumig rühren. Mehlmischung zugeben und alles gut vermengen.
■ Mischung in die Mulden des Muffinblechs verteilen und Gebäck im vorgeheizten Backofen 20–25 Minuten backen.

■ Blech aus dem Ofen nehmen, Muffins im Blech 5 Minuten auskühlen lassen und anschließend auf ein Kuchengitter geben. Warm oder kalt servieren.

Zubereitungszeit: 40 Min.

EW	Fett	KH	kcal/kJ
4 g	14 g	20 g	218/916

FRUCHTIGE MUFFINS
Bananenmuffins *(Abb. S. 31)*

Zutaten:
Fett für das Blech
2 Eier
150 g Zucker
100 ml Öl
3 EL Jogurt
200 g Mehl
2 TL Backpulver
1/2 TL Natron
4 Bananen
200 ml Milch
8 EL Nutella

Zubereitungszeit: 20 Min.

■ Ein Muffinblech einfetten. Backofen auf 200 Grad vorheizen.
■ Eier schaumig schlagen und mit Zucker, Öl und Jogurt glatt rühren. Mehl, Backpulver und Natron in einer zweiten Schüssel mischen, sieben und anschließend unter die Eimasse heben.
■ Teig in die Vertiefungen des Muffinblechs verteilen, 15–20 Minuten backen und anschließend etwas abkühlen lassen.

■ Bananen schälen, 3 davon mit Milch und Nutella pürieren. Muffins mit einem Teelöffel etwas aushöhlen und jeweils etwas Bananenmilch in die Vertiefung füllen. Die restliche Banane in Scheiben schneiden und die Muffins damit belegen.

EW	Fett	KH	kcal/kJ
5 g	16 g	318 g	318/1332

Ananas-Jogurt-Muffins

Zutaten:
Fett für das Blech
1 kleine Dose Ananasstücke
3 Eier
125 g Zucker
1/2 Päckchen Bourbon-Vanillezucker
3 EL Öl
125 g Jogurt
abgeriebene Schale von 1 Zitrone (unbehandelt)
150 g Mehl
1 1/2 TL Backpulver
150 g Puderzucker

Tipp
Das Rezept funktioniert auch mit Mandarinen oder Weintrauben aus der Dose.

■ Backofen auf 200 Grad vorheizen. Muffinblech einfetten.
■ Ananas abtropfen lassen, 2 EL Saft auffangen. 12 Ananasstücke für die Garnitur beiseite stellen.
■ Eier mit den Quirlen des Handrührgerätes schaumig schlagen. Zucker, Vanillezucker, Öl, Jogurt und Zitronenschale einrühren. Mehl und Backpulver auf die Eimasse sieben und so unterheben, dass der Teig feucht ist und Klumpen hat.
■ Die Vertiefungen des Muffinblechs zu 2/3 mit Teig füllen. Ananasstücke darauf verteilen und leicht eindrücken. Muffins 15–20 Minuten backen.
■ Das Blech aus dem Backofen nehmen, 5–10 Minuten abkühlen lassen. Muffins anschließend aus der Form lösen und auf ein Kuchengitter legen.

■ Puderzucker mit dem Ananassaft verrühren, Muffins damit bestreichen und mit je 1 Stück Ananas garnieren.

Zubereitungszeit: 25 Min.

EW	Fett	KH	kcal/kJ
3 g	5 g	39 g	214/899

FRUCHTIGE MUFFINS
Heidelbeer-Krokant-Muffins

- Heidelbeeren waschen und verlesen. Rapsöl, Schmand, Salz, Vanillinzucker, braunen Zucker und Haselnusskrokant in eine Rührschüssel geben, mit dem Schneebesen des Handrührgerätes schaumig schlagen. Eier nacheinander unterrühren. Mehl und Backpulver mischen und abwechselnd mit der Milch unter die Öl-Zucker-Masse rühren. Heidelbeeren unter den Teig heben.
- Muffinblech einfetten oder je 2 Papierförmchen in die Mulden setzen und den Teig mit einem Esslöffel gleichmäßig darin verteilen. Im vorgeheizten Backofen bei 200 Grad ca. 25 Minuten backen. Aus dem Ofen nehmen, Muffins erst 5 Minuten im Blech abkühlen lassen, anschließend aus der Form lösen und auf ein Kuchengitter legen.
- Vor dem Servieren Muffins nach Wunsch mit Puderzucker bestäuben und mit Krokant garnieren. Warm oder kalt servieren.

Zubereitungszeit: 40 Min.

EW	Fett	KH	kcal/kJ
6 g	11 g	37 g	280/1170

Zutaten:
250 g Heidelbeeren
75 ml Rapsöl
100 g Schmand
1 Prise Salz
1 Päckchen Vanillinzucker
125 g brauner Zucker
50 g Haselnusskrokant
4 Eier
330 g Mehl
1 Päckchen Backpulver
5 EL Milch
Fett für das Blech
1–2 TL Puderzucker
Krokant zum Garnieren

Tipp
Rapsöl ist ein Universalöl für alle Zubereitungsarten: Es ist geschmacks- und geruchsneutral und bringt den Eigengeschmack der Speisen voll zur Geltung.

FRUCHTIGE MUFFINS
Vollwert-Obst-Muffins

Zutaten:
2 Eier
100 g Zucker
1 Prise Salz
75 ml Keimöl (z. B. von Mazola)
1/4 l fettarme Milch
150 g Vollkornmehl
150 g Haferflocken
1 Päckchen Backpulver
1/2 TL Zimt
400 g Obst (z. B. Kirschen, Birnen, Äpfel)
Puderzucker zum Bestäuben

Zubereitungszeit: 15 Min.

EW	Fett	KH	kcal/kJ
3 g	6 g	21 g	151/634

- Eier, Zucker und Salz in eine Schüssel geben und mit dem Handrührgerät gut verrühren. Keimöl und Milch dazugießen, Mehl, Haferflocken, Backpulver und Zimt dazugeben und kurz unterrühren.
- Obst gut waschen, evtl. entsteinen bzw. entkernen, klein schneiden und unterheben. Den Teig in Papierbackförmchen (7 cm Durchmesser) füllen und im vorgeheizten Backofen bei 200 Grad ca. 30 Minuten backen.
- Die Obstmuffins mit Puderzucker bestäuben.
- Ergibt 18 Stück.

Grapefruitmuffins

Zutaten:
Fett für das Blech
1 Grapefruit
280 g Mehl
2 TL Backpulver
1/2 TL Natron
100 g Butter
3 Eier
140 g Zucker
200 g Crème fraîche
1 Päckchen Bourbon-Vanillezucker

- Backofen auf 190 Grad vorheizen und Muffinblech gut einfetten.
- Grapefruit schälen und in kleine Stückchen schneiden, Saft dabei auffangen.
- Mehl, Backpulver und Natron in einer Schüssel vermischen. In einer zweiten Schüssel Butter, Eier, Zucker, Crème fraîche und Vanillezucker schaumig schlagen. Mehlgemisch unterheben und Grapefruitstücke mit Saft unterrühren.
- Teig in die Muffinförmchen füllen und 20–25 Minuten backen.

Zubereitungszeit: 30 Min.

EW	Fett	KH	kcal/kJ
5 g	14 g	32 g	272/1142

FRUCHTIGE MUFFINS
Cappuccino-Kirsch-Muffins

- Schokolade klein hacken und mit der Butter schmelzen. 2 Eier, 50 g Puderzucker und Cappuccinopulver schaumig schlagen.
- 100 g Mehl, Backpulver und Natron abwechselnd mit der Schokoladen-Butter-Mischung unter die Eimasse ziehen.
- Frischkäse mit Orangenschale und -saft glatt rühren und restliches Ei sowie restliches Mehl und Puderzucker einarbeiten.
- Sauerkirschen abtropfen lassen. Muffinblech einfetten und mit Mehl bestäuben. Die Hälfte der Schokoladenmasse darin verteilen und die Hälfte der Kirschen daraufsetzen. Frischkäsemasse einfüllen und darauf restlichen Schokoladenteig sowie die Kirschen geben. Im vorgeheizten Backofen bei 180 Grad 20–25 Minuten backen.
- Für die Glasur Kirschsaft erwärmen und mit Puderzucker zu einem dicklichen Guss verrühren, Muffins damit bestreichen und trocknen lassen.

Zubereitungszeit: 30 Min.

EW	Fett	KH	kcal/kJ
4 g	11 g	32 g	250/1049

Zutaten:
100 g Schokolade
100 g Butter
3 Eier
80 g Puderzucker
30 g Cappuccinopulver (Instant)
150 g Mehl
2 TL Backpulver
1/2 TL Natron
200 g Frischkäse
1 TL abgeriebene Orangenschale (unbehandelt)
4 EL Orangensaft
200 g Sauerkirschen (Glas)
Fett und Mehl für das Blech
Für die Glasur:
2–3 EL Kirschsaft
100 g Puderzucker

Tipp
In der Sauerkirschsaison von Juni bis September können diese auch frisch verwendet werden, sie sind aber etwas herber im Geschmack.

35

FRUCHTIGE MUFFINS
Trauben-Marzipan-Muffins

Zutaten:
Für den Teig:
125 g Butter
75 g Zucker
1 Prise Salz
2 Beutel Rumback
(z. B. von Schwartau)
3 Eier
175 g Mehl
100 g Mandeln, gemahlen
3 TL Backpulver
4 EL Milch
200 g Marzipanrohmasse
1 Packung Schokotröpfchen
Fett für das Blech
350 g kernlose Weintrauben
Zum Garnieren:
150 g Vollmilchkuvertüre
350 g kernlose Weintrauben
50 g weiße Kuvertüre

■ Ofen auf 175 Grad vorheizen. Butter, Zucker, Salz und Rumback verrühren. Eier nacheinander zugeben und so lange weiterrühren, bis der Zucker gelöst ist. Mehl, gemahlene Mandeln und Backpulver mischen. Mehlgemisch und Milch kurz unterrühren. Marzipanrohmasse in kleine Würfel schneiden. Marzipanwürfel und Schokotröpfchen leicht bemehlen und vorsichtig unterrühren.
■ Teig in das gefettete Muffinblech füllen und Weintrauben vorsichtig in den Teig stecken. Muffins im vorgeheizten Ofen 30–35 Minuten backen. 10 Minuten im Blech ruhen lassen, dann vorsichtig herauslösen. Muffins auf einem Kuchengitter abkühlen lassen.
■ Zum Garnieren Vollmilchkuvertüre nach Packungsanweisung schmelzen. Untere Hälfte der Muffins in Kuvertüre tauchen. Umgedreht trocknen lassen. Trauben zur Hälfte in die Vollmilchkuvertüre tauchen. Auf Backpapier legen und fest werden lassen. Muffins umdrehen, mit Weintrauben belegen und mit gehobelter weißer Kuvertüre garnieren.

Zubereitungszeit: 20 Min.

EW	Fett	KH	kcal/kJ
9 g	26 g	36 g	433/1809

FRUCHTIGE MUFFINS
Rhabarbermuffins mit Quark-Molke-Dip

Zutaten:
2 dünne Stangen Rhabarber (ca. 250 g)
150 g weiche Butter
1 Prise Salz
1 Päckchen Vanillinzucker
125 g Zucker
2 Eier
125 g Mehl
2 gestr. TL Backpulver
150 ml Trinkmolke
Puderzucker zum Bestäuben
1 Becher saure Sahne
100 g Magerquark
1–2 EL Puderzucker
1 TL abgeriebene Zitronenschale

Zubereitungszeit: 35 Min.

EW	Fett	KH	kcal/kJ
4 g	13 g	23 g	226/949

- Backofen auf 180 Grad vorheizen. Je 1 Papierförmchen in die Mulden eines Muffinblechs setzen.
- Rhabarber putzen, waschen und in ca. 1 cm lange Stückchen schneiden. Butter, Salz, Vanillinzucker und Zucker mit dem Handrührgerät schaumig rühren. Eier nacheinander unterrühren. Mehl und Backpulver mischen und im Wechsel mit 1/8 l Molke unterrühren. Rhabarberstückchen unter den Teig heben.
- Den Teig mithilfe eines Esslöffels gleichmäßig in die Muffinmulden verteilen. Im vorgeheizten Backofen ca. 25 Minuten backen. Aus dem Ofen nehmen, auf einem Gitter auskühlen lassen und mit Puderzucker bestäuben.
- Für den Dip saure Sahne, Quark, Puderzucker und Zitronenschale in eine Schüssel geben, mit der restlichen Molke zu einem glatten Dip verrühren. Mit den Muffins servieren.

Tipp
Rhabarber ist botanisch gesehen kein Obst, wie es seine küchentechnische Verwertung nahe legen mag, sondern ein Gemüse, genauer gesagt gehört er zur Gruppe der Knöterichgewächse.

FRUCHTIGE MUFFINS
Apfelmuffins

Zutaten:
150 g Vollkornmehl
50 g Weizenkleie
2 1/2 TL Backpulver
1 Msp. Muskatnuss, frisch gerieben
1 Msp. Zimt
40 g Butter
2 Eier
150 g Ahornsirup
60 ml Milch
1 grüner Apfel
70 g Rosinen
Fett für das Blech

Tipp
Servieren Sie frisches Apfelmus zu den Muffins: 1 kg Äpfel waschen, Kerngehäuse entfernen und Fruchtfleisch klein schneiden. Mit 3 EL Wasser, 3–4 EL Ahornsirup, 1 TL Zitronenschale und je 1 Msp. Zimt und Nelkenpulver köcheln lassen, bis die Fruchtstücke zerfallen.

■ Mehl, Weizenkleie, Backpulver, Muskat und Zimt in einer Schüssel vermischen.
■ In einer zweiten Schüssel Butter, Eier, Ahornsirup und Milch cremig miteinander verschlagen.
■ Anschließend flüssige Zutaten zu den trockenen geben und alles miteinander verrühren.
■ Apfel waschen und in kleine Stückchen schneiden, dann zum Teig geben (oder dünne Scheiben abschneiden, halbieren und zum Schluss im Blech auf den Teig legen). Rosinen ebenfalls unterheben.
■ Backofen auf 200 Grad vorheizen. Ein Muffinblech einfetten oder Papierförmchen hineinsetzen. Die Mulden ca. 2/3 hoch mit Teig füllen. Blech in den heißen Ofen schieben und Muffins 20 Minuten backen.
■ Blech aus dem Ofen nehmen und Muffins 5 Minuten darin ruhen lassen. Anschließend aus den Mulden lösen und auf einem Kuchengitter abkühlen lassen. Schmecken warm und kalt.

Zubereitungszeit: 30 Min.

EW	Fett	KH	kcal/kJ
4 g	5 g	30 g	180/750

FRUCHTIGE MUFFINS
Himbeer-Bananen-Muffins mit Eierlikörtopping

- Muffinblech einfetten und in den Gefrierschrank stellen.
- Ei, Zucker, Vanillezucker, Margarine und Jogurt mit den Quirlen des Handrührgerätes gut verrühren. Bananen zerdrücken und unterrühren.
- Mehl mit Backpulver mischen, Mehlmischung zur Eimasse geben und nur so lange rühren, bis die trockenen Zutaten feucht sind. 150 g Himbeeren vorsichtig unterheben.
- Muffinmulden mit Teig füllen. Im vorgeheizten Backofen bei 180 Grad ca. 25 Minuten backen. Muffins im Blech ca. 5 Minuten ruhen lassen, dann herausnehmen und auf einem Kuchengitter abkühlen lassen.
- Für das Eierlikörtopping Cremefine mit Zucker und Vanillinzucker aufschlagen. Eierlikör unterrühren. Muffins mit Eierlikörtopping bestreichen und mit den restlichen aufgetauten Himbeeren garnieren.

Zubereitungszeit: 45 Min.

EW	Fett	KH	kcal/kJ
4 g	10 g	32 g	243/1013

Zutaten:
Fett für das Blech
Für den Teig:
1 Ei
100 g Zucker
1 Päckchen Bourbon-Vanillezucker
80 g Margarine
250 g Jogurt
2 reife Bananen (ca. 200 g ohne Schale)
280 g Mehl
3 TL Backpulver
200 g TK-Himbeeren
Für das Eierlikörtopping:
200 g Cremefine zum Schlagen
1 TL Zucker
1 TL Vanillinzucker
1–2 EL Eierlikör

Tipp
Eierlikör selbst gemacht: 5 sehr frische Eigelb mit 100 g Puderzucker in eine Schüssel geben und gut verrühren. 125 g Sahne untermischen und im heißen Wasserbad dickcremig aufschlagen. Nach und nach 1/4 l Cognac unterrühren, unter Rühren etwas abkühlen lassen. Eierlikör in eine heiß ausgespülte Halbliterflasche füllen und gut verschließen.

FRUCHTIGE MUFFINS
Cranberry-Nuss-Muffins

Zutaten:
250 g Mehl
100 g brauner Zucker
80 g Zucker
2 TL Backpulver
100 g Nusskerne (z. B. Haselnüsse, Walnüsse oder Pekannüsse), fein gehackt
1 TL Zimt
1/2 TL Salz
abgeriebene Schale von 1 Orange (unbehandelt)
100 g Butter
100 ml Milch
1 Ei
150 g Cranberrys (frisch oder tiefgekühlt)
Fett für das Blech

■ Mehl, beide Zuckersorten, Backpulver, Nüsse, Zimt und Salz in einer großen Schüssel gut vermischen. In einer zweiten Schüssel Orangenschale, Butter, Milch und Ei cremig miteinander verrühren. Die cremige Mischung mit den trockenen Zutaten verrühren, bis alles gerade miteinander vermengt ist.
■ Beeren verlesen, waschen oder antauen und unter den Teig heben. Backofen auf 200 Grad vorheizen. Ein Muffinblech einfetten oder Papierförmchen in die Vertiefungen setzen. Mulden zu 2/3 mit Teig füllen.
■ Blech in den heißen Ofen schieben und die Muffins 20–25 Minuten backen, bis sie oben aufreißen. Blech aus dem Ofen nehmen und die Muffins 5 Minuten ruhen lassen. Dann aus den Mulden lösen und auf einem Kuchengitter abkühlen lassen. Schmecken warm und kalt.

Zubereitungszeit: 20 Min.

EW	Fett	KH	kcal/kJ
4 g	13 g	32 g	280/1150

Tipp
Cranberrys sind die großfruchtigen amerikanischen Verwandten unserer Preiselbeeren, sind aber nicht ganz so säuerlich. Man erhält sie bei uns frisch von Oktober bis Mitte Januar.

FRUCHTIGE MUFFINS
Zitronentörtchen

- Mehl, Mandeln, Puderzucker, Salz, Butter in Flöckchen und Eigelb zu einem Mürbeteig verkneten und 30 Minuten kalt stellen.
- Teig ausrollen und gut gefettete und bemehlte Muffinförmchen damit auslegen. Muffinförmchen mit Backpapier belegen und mit getrockneten Hülsenfrüchten ausstreuen. Im vorgeheizten Backofen bei 190 Grad 10 Minuten »blind« backen. Hülsenfrüchte herausnehmen und die Törtchen nochmals 5 Minuten backen.
- Inzwischen Eier, 100 g Zucker, Sahne, Citroback und Zitronensaft verrühren. Mischung in die Mürbeteigförmchen füllen und nochmals 25 Minuten backen.
- Etwas Wasser und restlichen Zucker aufkochen. Die Zitrone in Scheiben schneiden. Scheiben darin ca. 2-3 Minuten kochen und abtropfen lassen. Die Zitronentörtchen 5 Minuten abkühlen lassen und dann vorsichtig aus den Förmchen lösen. Törtchen mit Zitronenscheiben belegen und mit Pistazien bestreuen.

Zubereitungszeit: 50 Min.

Zutaten:
200 g Mehl
100 g Mandeln, gemahlen
60 g Puderzucker
1 Prise Salz
150 g Butter, 1 Eigelb
Fett und Mehl für das Blech
3 Eier, 175 g Zucker
200 g Sahne
2 Beutel Citroback
150 ml Zitronensaft
1 Zitrone (unbehandelt)
25 g Pistazien, gehackt

EW	Fett	KH	kcal/kJ
6 g	23 g	36 g	381/1600

FRUCHTIGE MUFFINS
Pflaumenmuffins

Zutaten:
Fett für das Blech
150 g Pflaumen
1 EL Zitronensaft
160 g Zucker
1/4 TL Ingwerpulver
140 g Mehl
130 g Vollkornmehl
1 1/2 TL Natron
100 g Butter
1 Ei
240 g Jogurt
1 Päckchen Bourbon-Vanillezucker
1/2 TL Zimt

Zubereitungszeit: 25 Min.

EW	Fett	KH	kcal/kJ
4 g	9 g	32 g	222/932

- Backofen auf 200 Grad vorheizen. Die Vertiefungen eines Muffinblechs einfetten oder mit Papierförmchen auslegen.
- Pflaumen waschen, abtropfen lassen, entsteinen und in kleine Stückchen schneiden. Fruchtstücke in eine Schüssel geben und mit Zitronensaft, 2 EL Zucker und Ingwerpulver bedecken.
- Mehl und Vollkornmehl in eine große Schüssel sieben. 100 g Zucker und Natron dazugeben und alles gründlich mit einem Schneebesen vermischen.
- Butter zerlassen und in eine zweite Schüssel geben. Ei, Jogurt und Vanillezucker hinzufügen und alles gründlich mit einem Schneebesen verrühren.
- Flüssige Zutaten und Pflaumenstückchen in die Mehlmischung geben und vermischen, bis das Mehl ganz untergearbeitet ist. Teig gleichmäßig auf die Muffinformen verteilen. Restlichen Zucker sowie Zimt vermischen und auf die Muffins streuen.
- Muffins auf der mittleren Schiene des Ofens 20 Minuten backen, bis sie leicht bräunlich sind. Pflaumenmuffins nach 10 Minuten aus den Vertiefungen lösen und auf einem Kuchengitter abkühlen lassen.

Tipp
Pflaume ist ein Oberbegriff und man unterscheidet zwischen echten Pflaumen, Zwetschen, Renekloden und Mirabellen als die bewährten Hauptsorten.

FRUCHTIGE MUFFINS
Kokosmuffins mit Physalis

- Hüllen von ca. 300 g Physalis entfernen und Früchte halbieren. Ein Muffinblech einfetten und mit Mehl bestäuben.
- Butter, Zucker, Vanillezucker, Citroback und Salz schaumig rühren. Eier nacheinander unterrühren. Weiterrühren, bis der Zucker gelöst ist. Mehl, Backpulver und Kokosraspeln mischen und kurz mit der Milch unterrühren.
- Teig in die Formen füllen und halbierte Physalis in den Teig drücken. Im auf 175 Grad vorgeheizten Backofen ca. 25 Minuten backen. 5 Minuten in der Form ruhen lassen und anschließend Gebäck vorsichtig herauslösen. Auf einem Kuchengitter abkühlen lassen.
- 50 g weiße Kuvertüre fein hobeln. Restliche Kuvertüre in Stücke schneiden und nach Packungsanweisung im Wasserbad schmelzen. Hüllen der restlichen Physalis vorsichtig öffnen und nach hinten biegen. Anschließend halb in Kuvertüre tauchen und auf einem Kuchengitter fest werden lassen. Muffins ebenfalls halb in Kuvertüre tauchen und zum Trocknen auf Backpapier stellen. Muffins mit Physalis und gehobelter Kuvertüre garnieren. Sofort servieren.

Zubereitungszeit: 50 Min.

EW	Fett	KH	kcal/kJ
5 g	25 g	44 g	424/1781

Zutaten:
500 g Physalis
Fett und Mehl für das Blech
150 g Butter
130 g Zucker
2 Päckchen Bourbon-Vanillezucker
1 Beutel Citroback
1 Prise Salz
2 Eier
150 g Mehl
1 TL Backpulver
100 g Kokosraspel
75 ml Milch
300 g weiße Kuvertüre

Tipp
160 g frische Kokosraspel entsprechen ungefähr 50 g getrocknet gekauften: Dabei enthält dieselbe Menge Kokosraspel doppelt so viel Fett wie die frisch geraspelte Frucht.

43

Fruchtige Muffins
Erdbeer-Ricotta-Muffins

Zutaten:
Fett für das Blech
10 Amarettini
100 g Ricotta
150 g Erdbeeren (frisch oder tiefgekühlt)
250 g Mehl
3 TL Backpulver
80 g Margarine (z. B. von Rama)
1 Ei
100 g Zucker
1 Päckchen Bourbon-Vanillezucker
150 g Jogurt mit Vanillegeschmack
150 g Jogurt

Tipp
Amarettini selbst gemacht: 2 Eiweiß, 1 Prise Salz und 100 g Puderzucker zu Eischnee schlagen. 100 g Zucker, 1 cl Amaretto und 200 g gemahlene Mandeln vermischen und behutsam unterheben. Nun mit einem Spritzbeutel haselnussgroße Tupfen auf ein mit Backpapier belegtes Blech spritzen und bei 150 Grad im vorgeheizten Ofen 15–20 Minuten backen.

- Muffinblech einfetten und in den Gefrierschrank stellen.
- Für die Füllung Amarettini zerbröseln und mit Ricotta verrühren. Frische Erdbeeren waschen, putzen und klein schneiden, tiefgekühlte Erdbeeren klein schneiden (nicht vorher auftauen). Fruchtstücke vorsichtig unter den Ricotta heben.
- Mehl mit Backpulver mischen. Margarine, Ei, Zucker, Vanillezucker und Jogurt in einer zweiten Schüssel mit den Quirlen des Handrührgerätes verrühren.
- Mehlmischung zur Eimasse geben und nur so lange rühren, bis die trockenen Zutaten feucht sind.
- Muffinmulden ca. zur Hälfte mit Teig füllen. Anschließend Erdbeer-Ricotta-Masse darauf verteilen und mit restlichem Teig bedecken. Im vorgeheizten Backofen bei 180 Grad ca. 25 Minuten backen. Muffins im Blech ca. 5 Minuten ruhen lassen, dann herausnehmen und auf einem Kuchengitter abkühlen lassen. Schmecken warm und kalt.

Zubereitungszeit: 45 Min.

EW	Fett	KH	kcal/kJ
5 g	9 g	29 g	221/921

FRUCHTIGE MUFFINS
Kirschmuffins

Zutaten:
Fett für das Blech
150 g süße Kirschen (frisch oder aus dem Glas)
1 Limette (ersatzweise 1/2 Zitrone, unbehandelt)
200 g Mehl (Type 1050)
2 TL Backpulver
150 g weiche Butter
150 g Zucker
1 Päckchen Bourbon-Vanillezucker
1 Ei
100 ml Kefir
Puderzucker zum Bestäuben

Zubereitungszeit: 35 Min.

■ Backofen auf 175 Grad vorheizen. Muffinblech einfetten oder Papierförmchen in die Vertiefungen setzen.
■ Frische Kirschen waschen und entsteinen, Kirschen aus dem Glas gut abtropfen lassen. Limette heiß abspülen, abtrocknen, Schale fein abreiben und Saft auspressen.
■ Mehl und Backpulver vermischen. Butter mit Zucker, Vanillezucker und Ei cremig rühren. Limettenschale, 2 EL Limettensaft und Kefir unterziehen. Die Mehlmischung hinzufügen und schnell vermischen. Kirschen unterheben.
■ Vertiefungen des Muffinblechs oder Papierförmchen ca. 2/3 hoch mit Teig füllen. Im heißen Backofen in 20–25 Minuten goldbraun backen. Muffins mit restlichem Limettensaft bepinseln und kurz abkühlen lassen. Kirschmuffins gut auskühlen lassen. Vor dem Servieren mit Puderzucker bestäuben.

EW	Fett	KH	kcal/kJ
3 g	12 g	30 g	238/1000

Tipp
Wollen Sie den vollen Geschmack der Kirsche genießen, servieren Sie dazu eine Fruchtsauce: einfach 300 g Kirschen mit 3 EL Puderzucker oder Honig pürieren. Nach Wunsch mit etwas Kirschlikör strecken.

FRUCHTIGE MUFFINS
Blaubeermuffins

Zutaten:
100 g Butter oder Margarine
3 Eier
200 g Zucker
200 ml Milch
330 g Mehl
1 EL Backpulver
1/2 TL Salz
250 g Blaubeeren
abgeriebene Schale von 1 Orange (unbehandelt)
Fett für das Blech
etwas Zucker zum Bestreuen

EW	Fett	KH	kcal/kJ
4 g	6 g	18 g	190/800

- Butter oder Margarine bei schwacher Hitze zerlassen. Eier in eine Schüssel geben und mit einer Gabel verschlagen. Zucker, zerlassene, abgekühlte Butter oder Margarine und Milch dazugeben und alles gründlich miteinander verrühren.
- Backofen auf 200 Grad vorheizen. Mehl, Backpulver und Salz in eine zweite Schüssel geben und gut vermischen. Trockene Mehlmischung zu den feuchten Zutaten in die andere Schüssel geben, nur so lange verrühren, bis alle Bestandteile gerade feucht sind. Beeren waschen, verlesen und mit der Orangenschale unter den Teig heben.
- Muffinblech einfetten oder Papierförmchen in die Vertiefungen setzen. Mulden ca. 2/3 hoch mit Teig füllen. Etwas Zucker auf die Oberflächen streuen.
- Im vorgeheizten Ofen 25–30 Minuten backen, bis die Muffins oben aufreißen. Blech aus dem Ofen nehmen und die Muffins ca. 5 Minuten ruhen lassen. Dann aus den Mulden nehmen und auf einem Kuchengitter abkühlen lassen. Nach Wunsch vor dem Servieren mit Puderzucker bestreuen.
- Ergibt 18 Stück.

Zubereitungszeit: 25 Min.

FRUCHTIGE MUFFINS
Stachelbeer-Mandel-Muffins

Zutaten:
250 g grüne und/oder rote Stachelbeeren
150 g Butter
210 g Zucker
2 Beutel Citroback
3 Eier
100 g Mandeln, gemahlen
100 g Mehl
2 TL Backpulver
1 Zitrone
2 EL Puderzucker
Minze, Mandelsplitter zum Garnieren

■ Muffinblech mit Papierförmchen auslegen. Stachelbeeren putzen und waschen.
■ Weiche Butter, 150 g Zucker und Citroback in eine Rührschüssel füllen und verrühren. Eier nacheinander jeweils mindestens 2 Minuten unterrühren. Mandeln, Mehl und Backpulver gut vermischen. Zufügen und kurz unterrühren.
■ Die Hälfte der Stachelbeeren halbieren und mit einem Rührlöffel vorsichtig unterheben. Teig in die Papierförmchen füllen. Muffinblech in den auf 200 Grad vorgeheizten Backofen schieben und die Muffins 20–25 Minuten goldbraun backen.
■ Inzwischen restlichen Zucker auf eine Untertasse geben. Zitrone auspressen. Saft ebenfalls auf eine Untertasse geben. Restliche Stachelbeeren halbieren, anschließend zuerst in Zitronensaft, dann in Zucker wälzen und trocknen lassen.
■ Muffins etwas abkühlen lassen und dann vorsichtig aus der Form lösen. Mit den Stachelbeeren belegen, mit Puderzucker bestäuben und mit Minze und nach Wunsch mit gerösteten Mandelsplittern garnieren.

Zubereitungszeit: 30 Min.

EW	Fett	KH	kcal/kJ
4 g	17 g	27 g	276/1159

Tipp
Die Stachelbeere ist die einzige heimische Beerenobstart, bei der es eine so genannte Grünpflücke gibt: Die grün und unreif gepflückten Beeren haben zwar nur 1/3 ihrer endgültigen Größe, sind aber für die Verarbeitung bestens geeignet.

Fruchtige Muffins

Mango-Cheesecake-Muffins

Zutaten:
Fett für das Blech
1 Mango
200 g Doppelrahm-
frischkäse
150 g Zucker
4 EL Orangensaft
2 Eier, 300 g Mehl
3 TL Backpulver
abgeriebene Schale von
1 Orange (unbehandelt)
1 Prise Salz
80 ml Öl
300 ml Buttermilch
150 g Puderzucker

Zubereitungszeit: 40 Min.

- Muffinblech einfetten und für 10 Minuten in den Gefrierschrank oder sehr kühl stellen.
- Mango schälen, 100 g Fruchtfleisch fein würfeln und Rest in dünne Spalten schneiden. Frischkäse, 50 g Zucker, 2 EL Orangensaft, 1 Ei und 1 EL Mehl verrühren, Mangowürfel unterziehen.
- Restliches Mehl, Backpulver, Orangenschale und Salz mischen. Restliches Ei mit den Quirlen des Handrührgerätes verrühren, restlichen Zucker, Öl, Buttermilch und zuletzt die Mehlmischung unterrühren. Die Hälfte des Teiges in die Förmchen geben, Mango-Frischkäse-Masse darauf verteilen, mit dem restlichen Teig bedecken.
- Muffins im vorgeheizten Ofen bei 200 Grad auf der zweiten Schiene von unten 25 Minuten backen. Anschließend 10 Minuten in der Form lassen, dann herauslösen und abkühlen lassen.
- Puderzucker mit restlichem Orangensaft verrühren, über die Muffins träufeln und mit restlicher Mango garnieren.

EW	Fett	KH	kcal/kJ
6 g	13 g	48 g	342/1436

Aprikosen-Streusel-Muffins

Zutaten:
Fett für das Blech
12 Aprikosen (frisch
oder aus der Dose)
1 Ei
160 g weiche Butter
oder Margarine
100 g Zucker
1 Päckchen
Vanillinzucker
200 ml Milch
250 g Mehl
2 TL Backpulver
1 Prise Salz
50 g Mandeln,
gemahlen

Zubereitungszeit: 30 Min.

- Backofen auf 200 Grad vorheizen. Muffinblech einfetten.
- Frische Aprikosen überbrühen, häuten, halbieren und entkernen. Aprikosen aus der Dose gut abtropfen lassen. 6 Aprikosen sehr klein schneiden.
- Ei mit 100 g Butter, Zucker, Vanillinzucker und Milch verrühren und Aprikosenstückchen unterheben. 200 g Mehl mit Backpulver und Salz mischen und unter die Aprikosenmischung rühren.
- Teig in die Förmchen geben, jeweils 1 Aprikosenhälfte obenauf setzen.
- Für die Streusel restliche Butter, restliches Mehl und Mandeln verkneten und als Brösel über die Muffins streuen. Muffins im heißen Ofen 20–25 Minuten backen, kurz in der Form auskühlen lassen und anschließend herausnehmen.

EW	Fett	KH	kcal/kJ
4 g	15 g	32 g	279/1172

48

HERZHAFTE KREATIONEN

HERZHAFTE KREATIONEN

Parmesanmuffins (Abb. S. 49)

Zutaten:
1–2 Salbeiblätter
1/2 Bd. Petersilie
250 g Mehl
1 TL Zucker
2 TL Backpulver
2 EL Parmesan, gerieben
300 g Jogurt
50 g Butter, zerlassen
1 Ei

- Salbei und Petersilie waschen, trockenschütteln und die Blättchen fein hacken. Mehl, Zucker, Backpulver, Salbei, Petersilie und Parmesan in eine große Schüssel geben und gründlich miteinander vermischen.
- In einer zweiten Schüssel Jogurt, Butter und Ei cremig schlagen. Diese Mischung zu den trockenen Zutaten geben und so lange verrühren, bis alle Zutaten gerade miteinander vermengt sind.
- Backofen auf 200 Grad vorheizen. Muffinblech einfetten oder Papierförmchen hineinsetzen. Die Mulden zu ca. 2/3 mit Teig füllen.
- Das Blech in den heißen Ofen schieben und die Muffins ca. 25 Minuten backen, bis sie oben aufreißen. Blech aus dem Ofen nehmen und Muffins ca. 5 Minuten ruhen lassen. Dann aus den Mulden lösen und auf einem Kuchengitter abkühlen lassen.

Zubereitungszeit: 25 Min.

EW	Fett	KH	kcal/kJ
5 g	6 g	18 g	150/630

Avocadocrememuffins

Zutaten:
Fett für das Blech
175 g Mehl
85 g Butter
Salz
2 Eier
1 reife Avocado
1 kleine Zwiebel
1 kleine Gewürzgurke
schwarzer Pfeffer

Zubereitungszeit: 35 Min.

EW	Fett	KH	kcal/kJ
3 g	10 g	11 g	142/596

- Muffinblech einfetten, kühl stellen. Backofen auf 200 Grad vorheizen.
- Mehl sieben und griffbereit stellen. 150 ml Wasser, Butter und Salz aufkochen lassen, dabei ständig rühren.
- Das gesiebte Mehl auf einmal in die kochende Flüssigkeit schütten, dabei ständig umrühren. Bei mittlerer Hitze so lange rühren, bis sich die Masse als Kloß vom Topf löst und der Topfboden mit einer dünnen weißen Teigschicht bedeckt ist.
- Teig in eine Schüssel geben und etwas abkühlen lassen. 1 Ei unterrühren, bis es sich vollständig mit der Masse verbunden hat. Restliches Ei unterrühren, bis der Teig weich vom Löffel fällt.
- Vertiefungen des Muffinblechs zu ca. 2/3 mit Teig füllen. Muffins 25–30 Minuten backen. Auskühlen lassen.
- Avocado schälen und Fruchtfleisch vom Kern lösen. Zwiebel schälen und vierteln. Gurke halbieren und mit restlichen Zutaten im Mixer pürieren, anschließend salzen und pfeffern.
- Muffins nach Wunsch quer aufschneiden und mit der Creme füllen oder Creme mit den Muffins servieren.

HERZHAFTE KREATIONEN
Ingwer-Käse-Muffins

Zutaten:
250 g Mehl
3 TL Backpulver
1 TL Ingwer, gerieben
1/2 TL Salz
1 Ei
100 ml Milch
130 g Zuckerrübensirup
4 EL Butter oder Margarine
100 g Käse, gerieben
Fett für das Blech

- Mehl, Backpulver, Ingwer und Salz in einer großen Schüssel mischen. In einer zweiten Schüssel Ei, Milch und Zuckerrübensirup gut miteinander verschlagen. Backofen auf 200 Grad vorheizen.
- Butter oder Margarine zerlassen, mit der flüssigen Mischung zur Mehlmischung geben und alles so lange verrühren, bis die Zutaten gerade miteinander vermengt sind. Zum Schluss die Hälfte des Käses unter den Teig rühren.
- Muffinblech einfetten oder Papierförmchen in die Mulden setzen. Mulden zu ca. 2/3 mit Teig füllen, mit restlichem Käse bestreuen.
- Das Blech in den heißen Ofen schieben und die Muffins ca. 25 Minuten backen, bis sie oben aufreißen. Blech aus dem Ofen nehmen und Muffins 5 Minuten ruhen lassen. Dann aus den Mulden lösen und auf einem Kuchengitter abkühlen lassen.

Zubereitungszeit: 25 Min.

EW	Fett	KH	kcal/kJ
3 g	5 g	25 g	151/637

Tipp
Zuckerrübensirup wird auch als Rübensaft oder Rübenkraut bezeichnet. Dabei handelt es sich um den eingedickten, süßen Saft gekochter bzw. gedämpfter Zuckerrüben. Er dient als Brotaufstrich und als würziges Süßungsmittel für Gebäck und Saucen.

HERZHAFTE KREATIONEN
Indianische Maismuffins

Zutaten:
125 g Mehl
100 g Maismehl (Polenta)
1 gestr. TL Backpulver
1/2 TL Salz
3 TL Butter
50 ml Milch
60 g saure Sahne
60 g Ahornsirup
2 Eier
200 g Pekannusskerne, gehackt
Fett für das Blech
12 ganze Pekannusskerne

Tipp
Die Pekannuss ist die Frucht einer nordamerikanischen Baumart aus der Familie der Walnussgewächse. Sie ähnelt einer Walnuss, ist aber länglicher und milder im Geschmack.

- Mehl, Maismehl, Backpulver und Salz in einer großen Schüssel mischen.
- Butter zerlassen und mit Milch, saurer Sahne und Ahornsirup gut vermischen und anschließend mit einem Esslöffel unter die Mehlmischung rühren. Der Teig soll noch Klümpchen aufweisen. Backofen auf 200 Grad vorheizen.
- Eier mit einer Gabel verschlagen und zusammen mit den gehackten Pekannüssen unter den Teig rühren.
- Muffinblech einfetten oder Papierförmchen in die Vertiefungen setzen. Die Mulden zu ca. 2/3 mit Teig füllen und jeweils 1 Pekannuss in die Mitte drücken.
- Blech in den heißen Ofen schieben und Muffins 25 Minuten backen, bis sie oben aufreißen. Das Blech aus dem Ofen nehmen und die Muffins 5 Minuten darin ruhen lassen. Dann aus den Mulden lösen und auf einem Kuchengitter abkühlen lassen. Schmecken warm und kalt.

Zubereitungszeit: 25 Min.

EW	Fett	KH	kcal/kJ
5 g	17 g	21 g	260/1090

HERZHAFTE KREATIONEN
Kreolische Muffins

■ Butter oder Margarine zerlassen und mit Eiern und Milch in einer hohen Schüssel cremig schlagen. Paprikaschoten putzen und waschen, Zwiebel schälen.
■ Paprika und Zwiebel fein würfeln und mit Käse, Mehl, Salz, Backpulver, Zucker, Maismehl und Chilipulver in einer zweiten Schüssel mischen. Die flüssige Mischung zur Mehlmischung geben und alles verrühren, bis gerade alle Zutaten miteinander vermengt sind.
■ Backofen auf 200 Grad vorheizen. Muffinblech einfetten oder Papierförmchen in die Vertiefungen setzen. Die Mulden zu ca. 2/3 mit Teig füllen.
■ Blech in den heißen Ofen schieben und Muffins 25–30 Minuten backen, bis sie oben aufreißen. Blech aus dem Ofen nehmen und die Muffins 5 Minuten ruhen lassen. Dann aus den Förmchen lösen und auf einem Gitter abkühlen lassen.
■ Ergibt 18 Stück.

EW	Fett	KH	kcal/kJ
5 g	10 g	17 g	190/790

Zutaten:
150 g Butter oder Margarine, 2 Eier
350 ml Milch
je 1/2 kleine rote und grüne Paprikaschote
1 kleine Zwiebel
100 g Käse, gerieben
300 g Mehl
1/2 TL Salz
2 EL Backpulver
2 EL Zucker
2 EL Maismehl (Polenta)
1 TL Chilipulver
Fett für das Blech

Zubereitungszeit: 25 Min.

HERZHAFTE KREATIONEN
Mexikanische Sauerteigmuffins

Zutaten:
250 g Mehl
2 EL Zucker
1/2 TL Salz
1 Msp. Chilipulver
2 TL Backpulver
1 kleine rote Paprikaschote
1 grüne Peperoni
150 g Sauerteig (Fertigprodukt)
80 ml Milch
1 Ei
250 g Maiskörner (Dose oder tiefgekühlt)
40 ml Öl
40 g Käse, gerieben (z. B. Cheddar)
Fett für das Blech

Zubereitungszeit: 30 Min.

EW	Fett	KH	kcal/kJ
6 g	8 g	25 g	200/840

- Mehl, Zucker, Salz, Chilipulver und Backpulver in einer großen Schüssel vermischen. Paprikaschote und Peperoni putzen, waschen und in sehr kleine Würfel schneiden.
- In einer zweiten Schüssel Sauerteig mit Milch, Ei, Maiskörnern, Öl, geriebenem Käse, Peperoni- und Paprikawürfeln verrühren.
- Backofen auf 200 Grad vorheizen. Die flüssigen Zutaten zu den trockenen geben und alles miteinander nicht zu kräftig mit einem Holzlöffel verrühren. Nur so lange rühren, bis alle Zutaten gerade miteinander vermengt sind.
- Muffinblech einfetten oder Papierförmchen in die Vertiefungen setzen. Die Mulden zu ca. 2/3 mit Teig füllen.
- Das Blech in den heißen Ofen schieben und die Muffins ca. 25 Minuten backen, bis sie oben aufreißen. Das Blech aus dem Ofen nehmen und die Muffins 5 Minuten darin ruhen lassen. Dann aus den Mulden lösen und auf einem Gitter abkühlen lassen.

HERZHAFTE KREATIONEN
Tomaten-Mozzarella-Muffins mit Minzedip

Zutaten:
100 g getrocknete Tomaten in Öl
125 g Mozzarella
250 g Mehl
1 Päckchen Backpulver
Salz
3 Eier
200 g saure Sahne
2 EL gemischte Kräuter, gehackt
Fett für das Blech
150 g fettarmer Frischkäse
150 g Jogurt
2 EL frische Minze, gehackt
Pfeffer
Zitronensaft

■ Backofen auf 180 Grad vorheizen. Tomaten und Mozzarella abtropfen lassen und fein würfeln. Mehl mit Backpulver, 1 TL Salz, Eiern, saurer Sahne und Kräutern verrühren, Tomaten und Mozzarella unterheben. Muffinblech einfetten, Teig einfüllen, ca. 35 Minuten backen.

■ Für den Dip Frischkäse, Jogurt und Minze verrühren und mit Salz, Pfeffer und Zitronensaft abschmecken.
■ Blech aus dem Ofen nehmen, Muffins kurz abkühlen lassen und aus der Form nehmen. Anschließend nach Wunsch Muffins quer aufschneiden und mit Dip füllen oder mit Dip servieren.

Zubereitungszeit: 20 Min.

EW	Fett	KH	kcal/kJ
8 g	7 g	18 g	168/701

Pestomuffins

■ Milch mit 50 ml lauwarmem Wasser und Hefe verrühren. Mehl darübersieben. Mit 1 TL Salz, Butter und Ei zu einem Teig verkneten. 20 Minuten gehen lassen.
■ Basilikum waschen und trockenschütteln. Knoblauch schälen. Beides mit Pinienkernen und etwas Salz pürieren. Parmesan und Öl unterrühren. Den Teig durchkneten und dabei das Pesto mit einarbeiten.
■ Aus dem Teig 12 Kugeln formen und in die Vertiefungen des Blechs setzen. Muffins in den kalten Ofen stellen und bei 200 Grad 20–25 Minuten backen. Anschließend kurz in der Form auskühlen lassen, dann herauslösen.

Zutaten:
50 ml lauwarme Milch
1/2 Würfel frische Hefe (21 g), 300 g Mehl
Salz, 40 g Butter, 1 Ei
150 g Basilikumblättchen, 3 Knoblauchzehen
1 EL Pinienkerne
4 EL Parmesan, frisch gerieben, 4 EL Olivenöl

Zubereitungszeit: 45 Min.

EW	Fett	KH	kcal/kJ
5 g	9 g	19 g	177/743

HERZHAFTE KREATIONEN
Knoblauchmuffins

Zutaten:
250 g Mehl
1 EL Zucker
4 TL Backpulver
1/2 TL Salz
3 Knoblauchzehen
1 Ei
3 EL Butter oder Margarine
200 ml Milch
1 EL Schnittlauch-röllchen
Fett für das Blech

Tipp
Wenn sich frische Knoblauchzehen nur schwer von ihrer Haut lösen lassen, legt man diese auf eine mit Salz bestreute Unterlage und quetscht die Zehe mit der Breitseite eines Kochmessers, bis die Schale aufspringt.

■ Mehl, Zucker, Backpulver und Salz in einer Schüssel gründlich vermischen. Knoblauch schälen. In einer zweiten Schüssel Ei mit einer Gabel verschlagen, Butter oder Margarine zerlassen und zufügen, Milch und Schnittlauchröllchen hinzugeben. Knoblauch durch die Presse dazudrücken. Alles miteinander verrühren.
■ Die flüssigen Zutaten zur Mehlmischung gießen, dabei so lange rühren, bis alle Zutaten gerade miteinander vermengt sind. Der Teig kann noch Klümpchen aufweisen.
■ Backofen auf 200 Grad vorheizen. Muffinblech einfetten oder Papierförmchen in die Vertiefungen setzen. Die Mulden zu ca. 2/3 mit Teig füllen.
■ Das Blech in den heißen Ofen schieben und die Muffins ca. 20 Minuten backen, bis sie oben aufreißen. Das Blech aus dem Ofen nehmen und die Muffins 5 Minuten darin ruhen lassen. Dann aus den Mulden lösen und auf einem Gitter abkühlen lassen.

Zubereitungszeit: 25 Min.

EW	Fett	KH	kcal/kJ
3 g	4 g	18 g	130/550

HERZHAFTE KREATIONEN
Mais-Paprika-Muffins

■ Backofen auf 170 Grad vorheizen. Paprika waschen, entkernen und fein würfeln. Mehl, Backpulver, Natron sowie 1 TL Salz mischen und in eine Schüssel sieben. Eier, Buttermilch und Pflanzencreme schaumig rühren, zu den trockenen Zutaten geben und zu einem glatten Teig verkneten.

■ Paprikawürfel, Mais und Erbsen daruntermischen. Mit Chili- und Paprikapulver, Salz und Pfeffer kräftig würzen.

■ Ein Muffinblech mit Pflanzencreme einfetten oder Papierförmchen in die Vertiefungen geben und Teig einfüllen. Auf der mittleren Einschubleiste ca. 25 Minuten backen.

■ Muffins im Blech ca. 5 Minuten abkühlen lassen, anschließend aus der Form lösen und auf ein Kuchengitter geben. Schmecken warm und kalt.

Zubereitungszeit: 25 Min.

EW	Fett	KH	kcal/kJ
5 g	8 g	19 g	168/704

Zutaten:
1/2 große rote Paprikaschote
250 g Mehl (Type 405)
2 TL Backpulver
1 TL Natron
Salz
2 Eier
1/8 l Buttermilch
80 ml Pflanzencreme mit Butteraroma
140 g Mais
140 g Erbsen
3 TL Chilipulver (je nach Geschmack)
3 TL Paprikapulver (je nach Geschmack)
Pfeffer
Pflanzencreme für das Blech

Tipp
Frische Erbsen müssen zunächst gepalt – die Samen also aus den Hülsen gelöst werden – und dann blanchiert werden. Anschließend mit eiskaltem Wasser abschrecken, um die Vitamine und andere Inhaltsstoffe zu erhalten.

57

HERZHAFTE KREATIONEN
Muffins mit Schafskäse

Zutaten:
75 g Schafskäse
75 g Doppelrahm-
frischkäse
250 g Mehl
1 EL Zucker
2 TL Backpulver
1/2 TL Salz
1/2 TL Salbei,
getrocknet, zerrieben
1 EL Petersilie, fein
gehackt
1 EL Schnittlauch-
röllchen
50 g Butter oder
Margarine
300 g Jogurt
1 Ei
Fett für das Blech

Zubereitungszeit: 20 Min.

EW	Fett	KH	kcal/kJ
6 g	8 g	18 g	180/760

■ Schafskäse und Frischkäse mit einer Gabel zerdrücken und cremig rühren.
■ Mehl, Zucker, Backpulver, Salz, Salbei, Petersilie und Schnittlauch in eine große Schüssel geben und gründlich mischen.
■ Butter zerlassen und in einer zweiten Schüssel mit Jogurt und Ei verrühren. Zur Mehlmischung geben und nur so lange miteinander vermischen, bis die Zutaten gerade vermengt sind.

■ Backofen auf 200 Grad vorheizen. Muffinblech einfetten oder Papierförmchen in die Vertiefungen setzen. Die Mulden zu ca. 1/3 mit Teig füllen. Auf den Teig jeweils 1 geh. TL der Käsemischung geben. Dann die Mulden mit dem restlichen Teig zu 2/3 auffüllen.
■ Das Blech in den heißen Ofen schieben und die Muffins ca. 20 Minuten backen, bis sie oben aufreißen. Das Blech aus dem Ofen nehmen und die Muffins darin 5 Minuten ruhen lassen. Muffins aus den Mulden lösen und auf einem Gitter abkühlen lassen.

Tipp
Für eine mediterrane Note können auch ein paar Oliven unter den Teig gemischt werden.

HERZHAFTE KREATIONEN
Pikante Spinatmuffins

Zutaten:
Fett für das Blech
250 g Spinat
Salz
250 g Mehl
1/2 TL Paprikapulver edelsüß
Pfeffer aus der Mühle
2 1/2 TL Backpulver
1/2 TL Natron
1 Ei
300 g Jogurt
2 EL frische Kräuter, gehackt
125 g flüssige Butter
2–3 Tomaten
6 oder 12 grüne Spargelspitzen, blanchiert
6 oder 12 Stängel Kerbel

- 6 größere Portionsförmchen oder die 12 Vertiefungen des Muffinblechs einfetten. Backofen auf 180 Grad vorheizen.
- Spinat waschen, verlesen und tropfnass in wenig kochendem Salzwasser zusammenfallen lassen. Dann abgießen, kalt abschrecken, abtropfen lassen, gut ausdrücken und pürieren.
- Mehl, Paprikapulver, etwas Pfeffer, Backpulver und Natron vermischen. In einer zweiten Schüssel Ei verquirlen und mit Jogurt, Spinat, Kräutern und Butter verrühren, anschließend zur Mehlmischung geben und rasch unterrühren, bis die trockenen Zutaten feucht sind.
- Den Teig in die Portionsförmchen oder Vertiefungen des Muffinblechs füllen. Im vorgeheizten Backofen 25–30 Minuten backen. Muffins noch 5 Minuten in der Form ruhen lassen, dann herausnehmen.
- Zum Servieren Tomaten in Scheiben schneiden, auf Tellern anrichten, Muffins daraufgeben und mit blanchierten Spargelspitzen sowie Kerbel garnieren.

Zubereitungszeit: 40 Min.

EW	Fett	KH	kcal/kJ
5 g	10 g	18 g	184/773

Tipp
Statt Portionsförmchen können auch feuerfeste Schälchen oder breite Tassen verwendet werden.

HERZHAFTE KREATIONEN
Pfifferlingmuffins

Zutaten:
1 Packung TK-
Blätterteig (6 Platten)
100 g Pfifferlinge
1 kleine Zwiebel
1 EL Öl
50 g Gouda oder
Emmentaler, gerieben
2 EL Parmesan,
gerieben
125 g Crème fraîche mit
Knoblauch
1 EL Mehl
2 Eier
Muskatnuss, frisch
gerieben, Salz
Pfeffer aus der Mühle

Zubereitungszeit: 30 Min.

■ Blätterteig auftauen. Backofen auf 200 Grad vorheizen.
■ Pfifferlinge putzen und klein schneiden. Zwiebel schälen und fein würfeln.
■ Öl in einer Pfanne erhitzen, Zwiebel und Pifferlinge kurz darin anschwitzen. Pfanne vom Herd nehmen.
■ Gouda und Parmesan mischen und 2/3 der Mischung mit Crème fraîche, Mehl und Eiern verrühren. Mit Muskatnuss, Salz und Pfeffer würzen. Die Zwiebel-Pilz-Mischung unterheben.
■ Die Blätterteigplatten halbieren. In jede Vertiefung der Muffinform ein Teigquadrat so einlegen, dass ein 1 cm hoher Rand übersteht. Je 1 EL Füllung hineingeben und die Teigspitzen oben zusammenfalten. Restlichen Käse darüber verteilen.
■ Muffins 30–35 Minuten im heißen Ofen backen. Das Blech herausnehmen und die Muffins 5 Minuten abkühlen lassen. Anschließend aus der Form lösen und noch warm servieren.

EW	Fett	KH	kcal/kJ
5 g	19 g	12 g	242/1016

Pikante Mandarinen-Mais-Muffins

Zutaten:
Fett für das Blech
300 g Dinkel-
vollkornmehl
1 Päckchen Backpulver
1/2 TL Natron
je 1 kleine Dose Mais,
Mandarinen und Erbsen
(Abtropfgewicht 140 g)
80 ml Öl
1 Ei, 30 g Leinsamen,
geschrotet
200 ml Sekt
3 TL gekörnte Brühe
Salz, Pfeffer, Curry

Zubereitungszeit: 40 Min.

EW	Fett	KH	kcal/kJ
6 g	9 g	23 g	210/882

■ Backofen auf 190 Grad vorheizen. Muffinblech gut einfetten oder mit Papierförmchen auslegen.
■ Mehl mit Backpulver und Natron in eine Schüssel sieben und beiseite stellen. Mais, Mandarinen und Erbsen in ein Sieb abschütten und gut abtropfen lassen. 12 Mandarinenspalten für die Garnitur zurücklegen.
■ Öl und Ei mit dem Schneebesen des Handrührgerätes schaumig schlagen. Die Mehlmischung und den Leinsamen dazugeben, mit Sekt aufgießen und zügig zu einem glatten Teig verarbeiten. Mit gekörnter Brühe würzen.
■ Die Mandarinen ein- bis zweimal durchschneiden und zusammen mit dem Mais und den Erbsen in eine Schüssel geben. Mit Salz, Peffer und viel Currypulver würzen, gut vermischen.
■ Die Hälfte des Teiges in die Vertiefungen des Muffinblechs füllen. Die Mandarinen-Gemüse-Mischung darüber verteilen und mit restlichem Teig bedecken. Sofort in den Backofen schieben und ca. 30 Minuten backen. Nach Ablauf der Backzeit herausnehmen, 5–10 Minuten im Blech ruhen lassen, dann herauslösen und auf einem Kuchengitter abkühlen lassen. Vor dem Servieren mit restlichen Mandarinenspalten garnieren.

HERZHAFTE KREATIONEN
Zucchinimuffins mit Basilikumschmand

- Mehl, Backpulver und Paprikapulver in eine Schüssel sieben. Milch und Ei verquirlen, dann mit dem Öl in die Mehlmischung einrühren. Zucchini raspeln, salzen, in etwas Wasser ziehen lassen, ausdrücken und unter den Teig mischen. Knoblauch und Thymian zugeben. Teig 10 Minuten ruhen lassen.
- Teig in die gefetteten Vertiefungen des Muffinblechs füllen und im vorgeheizten Ofen bei 200 Grad 25 Minuten backen.
- Schmand mit Sahne, Zitronensaft und Basilikum verrühren, mit Salz und Pfeffer abschmecken und in eine Schale geben.
- Muffins aus den Förmchen lösen, auf Tellern anrichten und mit dem Basilikumschmand servieren. Mit Basilikumblättern garnieren.

Zubereitungszeit: 30 Min.

EW	Fett	KH	kcal/kJ
4 g	11 g	15 g	167/701

Zutaten:
200 g Mehl
1 TL Backpulver
1/4 TL Paprikapulver
rosenscharf
200 ml Milch, 1 Ei
4 EL Öl
100 g Zucchini, Salz
1 Knoblauchzehe, durchgepresst
1 TL Thymianblättchen, gehackt
Fett für das Blech
200 g Schmand
3 EL Sahne
1 EL Zitronensaft
2 EL Basilikumblätter, fein gehackt
Pfeffer aus der Mühle
Basilikumblätter zum Garnieren

61

HERZHAFTE KREATIONEN
Tomaten-Schafskäse-Muffins

Zutaten:
100 g getrocknete Tomaten in Öl
125 g Schafskäse
170 g Mehl
2 TL Backpulver
1 TL Natron
80 g blütenzarte Haferflocken
1 TL Salz
2 Eier
1/8 l Buttermilch
75 ml Pflanzenöl
2–3 EL Basilikumblätter, gehackt

Zubereitungszeit: 20 Min.

EW	Fett	KH	kcal/kJ
6 g	10 g	16 g	178/748

■ Backofen auf 180 Grad vorheizen. Tomaten abtropfen lassen, mit Schafskäse würfeln. Mehl, Backpulver und Natron mischen und in eine Schüssel sieben. Haferflocken, Salz, Eier, Buttermilch sowie Öl hinzufügen und zu einem glatten Teig verkneten.
■ Basilikum, Schafskäse- und Tomatenwürfel unterheben. Teig in Muffinförmchen geben und auf mittlerer Einschubleiste ca. 25 Minuten backen.

Brokkolimuffins

Zutaten:
1 Packung TK-Blätterteig (6 Platten)
150 g Brokkoli
150 g saure Sahne
100 g Gouda oder Emmentaler, gerieben
1 EL Mehl, 2 Eier
Muskatnuss, frisch gerieben
Salz, Pfeffer

Zubereitungszeit: 25 Min.

■ Blätterteig auftauen lassen. Backofen auf 200 Grad vorheizen.
■ Brokkoli waschen, putzen und in kleine Röschen teilen. Saure Sahne, die Hälfte des Käses, Mehl und Eier verrühren. Mit den Gewürzen pikant abschmecken. Brokkoli unterheben.
■ Teigplatten halbieren und so in die Vertiefungen des Muffinblechs einlegen, dass ein 1 cm hoher Rand übersteht. Jeweils ca. 1 EL Füllung hineingeben und die Teigspitzen oben zusammenfalten. Restlichen Käse darüber verteilen.
■ Muffins im heißen Ofen 30–35 Minuten backen. Anschließend Blech aus dem Ofen nehmen. Die Muffins 5 Minuten auskühlen lassen, aus der Form lösen und noch warm servieren.

EW	Fett	KH	kcal/kJ
6 g	17 g	12 g	225/945

HERZHAFTE KREATIONEN
Basilikum-Ziegenfrischkäse-Muffins

- Muffinblech einfetten und in den Gefrierschrank stellen. Backofen auf 180 Grad vorheizen.
- Walnusskerne grob hacken. Basilikum waschen, trockenschütteln, Blättchen von den Stängeln zupfen und klein schneiden. Ziegenkäse in kleine Würfel schneiden.
- Mehl mit Backpulver mischen. In einer zweiten Schüssel Ei, Margarine, Pesto, Basilikum und Buttermilch mit dem Schneebesen des Handrührgerätes gut verrühren. Mehlmischung und Ziegenkäse unterrühren und Walnusskerne unterheben.
- Muffinmulden zu ca. 2/3 mit Teig füllen. Im vorgeheizten Backofen ca. 40 Minuten backen. Anschließend Muffins im Blech ca. 5 Minuten ruhen lassen, dann herausnehmen und auf ein Kuchengitter geben. Warm oder kalt servieren.

Zubereitungszeit: 25 Min.

EW	Fett	KH	kcal/kJ
6 g	10 g	16 g	177/737

Zutaten:
Fett für das Blech
50 g Walnusskerne
5 Stängel Basilikum
100 g Ziegenkäserolle
250 g Mehl
2 1/2 TL Backpulver
1 Ei
60 g Margarine (z. B. von Rama)
2 geh. TL grünes Pesto
1/4 l Buttermilch

Tipp
Ziegenmilch und somit auch Ziegenkäse enthält weniger Fett und Milchzucker als Kuhmilch, deshalb ist Ziegenkäse besonders für Allergiker sehr viel verträglicher.

HERZHAFTE KREATIONEN
Paprikamuffins

Zutaten:
Fett für das Blech
je 1/2 grüne und rote
Paprikaschote
1/2 Chilischote
1 kleine Zwiebel
6 EL Öl
150 g Magerquark
3 EL Milch, 1 Ei
1 TL Salz
1/2 TL Zucker
200 g Mehl
1 Päckchen Backpulver
1 Eigelb, 1 EL Sesam

Zubereitungszeit: 20 Min.

■ Muffinblech einfetten, kühl stellen. Backofen auf 200 Grad vorheizen.
■ Paprika- und Chilischoten waschen, entkernen und klein schneiden. Zwiebel schälen und fein würfeln. 2 EL Öl erhitzen und Gemüse darin ca. 3 Minuten anschwitzen. Abkühlen lassen.
■ Quark auspressen und durch ein Sieb streichen. Mit dem restlichen Öl, Milch, Ei, Salz und Zucker verrühren.
■ Mehl und Backpulver sieben und mit dem Gemüse vermengen. Unter die Quarkmasse heben.
■ 12 Kugeln formen und in die Vertiefungen des Blechs setzen. Eigelb und 1 EL Wasser verquirlen, die Teigkugeln damit bestreichen und mit Sesam bestreuen.
■ Muffins 15–20 Minuten backen, anschließend kurz abkühlen lassen und dann aus der Form lösen.

EW	Fett	KH	kcal/kJ
5 g	7 g	14 g	136/571

Deftige Gemüsemuffins

Zutaten:
200 g Weizenmehl
100 g Weizenvollkornmehl
2 TL Backpulver
1 TL Natron
Salz, Pfeffer
Paprikapulver rosenscharf
Kreuzkümmel
Muskatnuss, frisch gerieben
2 Eier, 80 ml Öl
250 g Jogurt
1/2 Bd. frische Kräuter
(Dill, Petersilie oder Schnittlauch)
4 Zwiebeln
1 Stange Lauch
1 EL Butter
Fett für das Blech
80 g Schmelzkäse

■ Beide Mehlsorten, Backpulver und Natron gut vermischen. 1 TL Salz, Pfeffer und Gewürze zugeben. In einer zweiten Schüssel Eier, Öl und Jogurt verrühren. Frische Kräuter waschen, trockenschütteln und fein hacken, anschließend in die Eier-Öl-Mischung einrühren.
■ Backofen auf 180 Grad vorheizen. Zwiebeln schälen und würfeln. Lauch waschen, putzen und klein schneiden. Butter in einer Pfanne erhitzen, Zwiebeln und Lauch darin kurz anbraten. Etwas abkühlen lassen und mit den feuchten Zutaten vermengen. Anschließend die trockenen Zutaten vorsichtig unterheben. Der Teig muss feucht-klebrig sein.
■ Muffinblech gut einfetten oder mit Papierförmchen auslegen. Den Teig zur Hälfte einfüllen, etwas Schmelzkäse in die Mitte legen und mit Teig bedecken.
■ Muffins 25–30 Minuten backen.

Zubereitungszeit: 30 Min.

EW	Fett	KH	kcal/kJ
6 g	12 g	20 g	212/890

HERZHAFTE KREATIONEN
Käsemuffins

Zutaten:
125 g Mehl
125 g Speisestärke
1/2 TL Salz
1 Päckchen Backpulver
150 g Schnittkäse
(z. B. von Leerdammer)
50 g Pinienkerne
80 g getrocknete Tomaten
2 EL Basilikum, fein gehackt
160 ml Milch
4 EL Öl
1 Ei
Fett für das Blech

- Backofen auf 180 Grad vorheizen.
- Mehl, Speisestärke, Salz und Backpulver gut miteinander vermischen. Käse reiben, Pinienkerne in einer Pfanne anrösten und hacken. Tomaten würfeln. Alle Zutaten mit 100 g Käse und Basilikum unter die Mehlmischung geben. In einer zweiten Schüssel Milch mit Öl und Ei verquirlen. Diese Mischung zum Mehl geben und mit einem Rührlöffel alles nur so lange miteinander verrühren, bis alle Zutaten feucht sind.
- Teig in ein gut gefettetes Muffinblech füllen, mit restlichem Käse bestreuen und 20–25 Minuten backen. Blech aus dem Ofen nehmen, kurz abkühlen lassen, dann Muffins aus der Form lösen. Lauwarm oder kalt servieren.

Zubereitungszeit: 20 Min.

EW	Fett	KH	kcal/kJ
8 g	13 g	22 g	235/986

Tipp
Leerdamer ist ein halbfester Schnittkäse aus Kuhmilch und eignet sich besonders gut zum Backen.

HERZHAFTE KREATIONEN
Meerrettichmuffins

Zutaten:
Fett für das Blech
175 g Mehl
85 g Butter
Salz
2 Eier
2 EL Sesam
250 g Frischkäse
1 EL Jogurt
3 EL Meerrettich, frisch gerieben
1/2 TL Majoran
1 TL Basilikum
schwarzer Pfeffer

Zubereitungszeit: 30 Min.

EW	Fett	KH	kcal/kJ
5 g	15 g	12 g	200/840

- Muffinblech einfetten und kühl stellen. Backofen auf 200 Grad vorheizen.
- Mehl sieben und beiseite stellen. 150 ml Wasser, Butter und 1 Prise Salz unter Rühren aufkochen.
- Das gesiebte Mehl auf einmal in die kochende Flüssigkeit schütten, dabei ständig rühren. Bei mittlerer Hitze so lange rühren, bis sich die Masse als Kloß vom Topf löst und der Topfboden mit einer dünnen weißen Teigschicht bedeckt ist.
- Teig in eine Schüssel geben und etwas abkühlen lassen. 1 Ei unterrühren, bis es sich vollständig mit der Masse verbunden hat. Das zweite Ei unterrühren, bis der Teig weich vom Löffel fällt. Die Vertiefungen des Muffinblechs zu 2/3 mit Teig füllen. Mit Sesam bestreuen.
- Muffins 20–25 Minuten im heißen Ofen backen und anschließend 5 Minuten im Blech abkühlen lassen. Muffins aus der Form lösen und ganz auskühlen lassen.
- Für die Füllung Frischkäse mit Jogurt, Meerrettich, Majoran und Basilikum im Mixer pürieren. Mit Salz und Pfeffer abschmecken.
- Muffins quer halbieren, mit der Creme füllen und Deckel wieder aufsetzen. Sofort servieren, dann sind sie noch luftig.

Weizenbiermuffins

Zutaten:
250 g Mehl
1/2 Päckchen Trockenhefe
1 TL getrockneter Thymian
1 TL Salz
150 ml zimmerwarmes dunkles Weißbier
3 EL Olivenöl
100 g schwarze Oliven, entsteint
1 Knoblauchzehe
1 EL Pinienkerne
3 EL Parmesan, gerieben

Zubereitungszeit: 45 Min.

- Mehl sieben und mit Hefe, Thymian und Salz vermischen. Bier und 2 EL Öl hinzufügen und alles zu einem glatten Teig verarbeiten. Zugedeckt 20 Minuten gehen lassen.
- Oliven klein schneiden. Knoblauchzehe schälen und zerdrücken. Pinienkerne klein hacken.
- Teig gut durchkneten, dabei Oliven, Knoblauch, Pinienkerne und 2 EL Parmesan mit einarbeiten.
- Aus dem Teig 12 Kugeln formen und in die Vertiefungen des Muffinblechs setzen. Mit dem restlichen Öl bestreichen und mit restlichem Käse bestreuen.
- Muffinblech in den kalten Backofen schieben und bei 200 Grad 25–30 Minuten backen. Anschließend Muffins kurz im Blech abkühlen lassen, dann aus der Form lösen. Schmecken warm oder kalt.

EW	Fett	KH	kcal/kJ
4 g	7 g	16 g	147/617

Muffins mit Fleisch & Fisch

Lachs-Krabben-Dill-Muffins (Abb. S. 67)

Zutaten:
Fett für das Blech
160 g Lachsfilet
1 Bd. Dill
100 g Schrimps
2 TL Zitronensaft
Pfeffer
250 g Mehl
3 TL Backpulver
1 Ei
80 g Margarine
(z. B. von Rama)
300 ml Buttermilch

Zubereitungszeit: 30 Min.

EW	Fett	KH	kcal/kJ
8 g	7 g	16 g	161/670

- Muffinblech einfetten und in den Gefrierschrank stellen. Backofen auf 180 Grad vorheizen.
- Lachsfilet in ca. 1 cm große Würfel schneiden. Dill waschen, trockentupfen, grob zerpflücken und klein schneiden. Lachs und Schrimps mit Dill, Zitronensaft und 1 Prise Pfeffer marinieren.
- Mehl und Backpulver sorgfältig vermischen. Ei, Margarine und Buttermilch mit den Quirlen des Handrührgerätes gut verrühren. Lachs und Schrimps vorsichtig unterrühren. Mehlmischung zur Eimasse geben und nur so lange rühren, bis die trockenen Zutaten feucht sind.
- Muffinmulden mit Teig füllen. Im vorgeheizten Backofen ca. 25 Minuten backen. Muffins im Blech ca. 5 Minuten ruhen lassen, dann herausnehmen und warm oder kalt servieren.

Tunfisch-Kapern-Muffins

Zutaten:
Fett für das Blech
1 Bd. Frühlingszwiebeln
50 g Kapern (Glas)
1 Dose Tunfisch (150 g)
250 g Mehl (Type 405)
2 TL Backpulver
1/2 TL Natron
1/4 TL Salz
schwarzer Pfeffer aus der Mühle
2 Eier
50 ml Öl
100 g Jogurt
200 g Crème fraîche

- Backofen auf 180 Grad vorheizen. Muffinblech einfetten.
- Frühlingszwiebeln waschen, putzen und in feine Ringe schneiden. Kapern abtropfen lassen und klein hacken. Tunfisch in grobe Stücke zerteilen.
- Mehl in eine Schüssel geben, mit Backpulver, Natron, Salz, Pfeffer, Frühlingszwiebeln und Kapern vermischen. Eier in einer zweiten Schüssel leicht verquirlen, Öl, Jogurt, Crème fraîche und Tunfisch dazugeben und verrühren. Die Mehlmischung hinzufügen und nur so lange rühren, bis die trockenen Zutaten feucht sind.
- Teig ca. 2/3 hoch in die Vertiefungen des Muffinblechs einfüllen, im Backofen 20–25 Minuten backen. Aus dem Ofen nehmen und 5 Minuten ruhen lassen. Anschließend Muffins aus der Form lösen. Warm oder kalt servieren.

Zubereitungszeit: 25 Min.

EW	Fett	KH	kcal/kJ
7 g	14 g	20 g	229/962

Muffins mit Fleisch & Fisch
Kräutermuffins mit Schinken

Zutaten:
Fett für das Blech
2 Schalotten
75 g gekochter Schinken
2 EL Öl
150 g Quark
60 ml Milch
1 Ei
Salz, Pfeffer aus der Mühle
2 EL Emmentaler, gerieben
200 g Vollkornmehl
2 TL Backpulver
1/2 TL Natron
3 EL Petersilie, fein gehackt
2 TL Thymianblättchen, fein gehackt
Thymianblättchen zum Garnieren

- Backofen auf 180 Grad vorheizen. Muffinblech einfetten.
- Schalotten schälen und fein würfeln. Ca. 50 g vom Schinken fein würfeln. Beides in heißem Öl in einer Pfanne anbraten und beiseite stellen.
- Quark, Milch, Ei, Salz, Pfeffer und Käse in einer Schüssel gut verrühren. Vollkornmehl, Backpulver und Natron in einer zweiten Schüssel vermischen, dann mit der Quarkmasse, der Schalotten-Schinken-Mischung und den Kräutern kurz verrühren, bis die trockenen Zutaten feucht geworden sind. Restlichen Schinken in Streifen schneiden.
- Teig in die Vertiefungen des Muffinblechs verteilen, mit Schinkenstreifen belegen. Muffins im vorgeheizten Backofen 20–25 Minuten goldbraun backen. Muffins erst in der Form etwas abkühlen lassen, dann aus den Vertiefungen lösen und auskühlen lassen. Mit Thymianblättchen bestreut servieren.

Zubereitungszeit: 25 Min.

EW	Fett	KH	kcal/kJ
6 g	4 g	12 g	109/458

Tipp
Eine Unterart des bekannten Thymians ist der Zitronenthymian, der wie eine Mischung aus Thymian und Zitronenschale schmeckt. Er verleiht den Muffins eine besonders frische Note.

Muffins mit Fleisch & Fisch
Kartoffelmuffins mit Bratwurstfüllung

Zutaten:
250 g mehlig kochende Kartoffeln
150–200 ml Buttermilch
Salz
250–300 g Mehl
1/2 Päckchen Trockenhefe
1 Bd. Schnittlauch
4 Kalbsbratwürste, ungebrüht
Fett für das Blech

Zubereitungszeit: 60 Min.

EW	Fett	KH	kcal/kJ
6 g	6 g	22 g	165/693

■ Kartoffeln waschen und in 20 Minuten gar kochen. Abgießen, kalt abschrecken, pellen und noch heiß durch die Presse in eine Schüssel drücken.
■ Buttermilch, 1 TL Salz, Mehl und Trockenhefe nacheinander unter die Kartoffeln rühren. Den geschmeidigen Teig zugedeckt ca. 30 Minuten gehen lassen.
■ Schnittlauch waschen, trockentupfen und in Röllchen schneiden. Brät aus den Würsten drücken und Schnittlauch unterrühren.
■ Backofen auf 200 Grad vorheizen. Muffinblech einfetten. Kartoffelteig nochmals kneten, in 12 Portionen teilen. Diese auf wenig Mehl zu handgroßen runden Fladen ausrollen. In die Mitte jedes Fladens 2 EL Füllung geben. Teig über der Füllung schließen.
■ Muffins mit der Nahtstelle nach unten in die Mulden setzen und ca. 30 Minuten backen.

Muffins mit Fleisch & Fisch
Putenmuffins

- Putenbrustfilet waschen, trockentupfen, würfeln und mit Sojasauce vermischen, 30 Minuten marinieren lassen. 2 EL Öl erhitzen und Fleischwürfel darin rundherum braten, mit Pfeffer würzen.
- Paprika putzen, waschen und klein schneiden. Petersilie waschen, trockenschütteln und fein hacken. Käse fein reiben.
- Beide Mehlsorten mit Backpulver, Salz, 1/2 TL Pfeffer, Paprikapulver, Putenwürfeln, Paprikastückchen und 125 g Käse in einer Schüssel mischen. Ei in einer zweiten Schüssel verquirlen. Restliches Öl und saure Sahne unterrühren. Mehlmischung zufügen und nur kurz verrühren.
- Teig in die Mulden eines gefetteten Muffinblechs verteilen, mit restlichem Käse bestreuen. Im vorgeheizten Backofen bei 175 Grad 30–35 Minuten backen. 5–10 Minuten in den Förmchen ruhen lassen, dann herauslösen und auf einem Kuchengitter abkühlen lassen. Warm oder kalt servieren.

Zubereitungszeit: 40 Min.

EW	Fett	KH	kcal/kJ
12 g	18 g	5 g	235/987

Zutaten:
250 g Putenbrustfilet
2–3 EL Sojasauce
6 EL Rapsöl
Pfeffer
je 1/2 kleine rote, grüne und gelbe Paprikaschote
2 Bd. Petersilie
175 g mittelalter Gouda
100 g Vollkornmehl
100 g Mehl (Type 405)
3 TL Backpulver
1 TL Salz
1 TL Paprikapulver edelsüß
1 Ei
250 g saure Sahne
Fett für das Blech

Muffins mit Fleisch & Fisch
Lauch-Käse-Muffins mit Salami

Zutaten:
Fett für das Blech
150 g Salami
150 g Gouda
1 kleine Stange Lauch
250 g Mehl
2 TL Backpulver
1 TL Natron
1 Beutel MAGGI Meisterklasse Lauchcremesuppe
2 Eier
10 EL Milch
100 ml Reines Sonnenblumenöl (z. B. von Thomy)

Zubereitungszeit: 25 Min.

- Muffinblech einfetten. Backofen auf 180 Grad vorheizen.
- Salami und Käse in kleine Würfel schneiden. Lauch putzen, waschen und in Ringe schneiden. Mehl mit Backpulver und Natron in eine Rührschüssel sieben.
- Beutelinhalt, Eier, Milch und Sonnenblumenöl zufügen und alles zu einem glatten Teig verarbeiten. Anschließend Salami- und Käsewürfel unterrühren.
- Teig in die Vertiefungen des Blechs verteilen, die Lauchringe auf den Teig legen und im Backofen ca. 25 Minuten backen. Muffins erst in der Form 5 Minuten abkühlen lassen, dann auf ein Kuchengitter legen. Kalt oder warm servieren.

EW	Fett	KH	kcal/kJ
10 g	18 g	18 g	282/1176

Tipp
Dazu schmeckt ein grüner Salat mit Tomaten.

MUFFINS MIT FLEISCH & FISCH
Pistazien-Hackfleisch-Muffins (Abb. hinten)

Zutaten:
Fett für das Blech
150 g Rinderhackfleisch
1 EL Butterschmalz
1 Schalotte
1 Knoblauchzehe
280 g Mehl
1/2 TL Salz
1/2 TL Paprikapulver edelsüß
60 g Pistazien, gehackt
2 1/2 TL Backpulver
1/2 TL Natron
1 Ei
50 ml Öl
300 ml Buttermilch

Zubereitungszeit: 40 Min.

EW	Fett	KH	kcal/kJ
7 g	10 g	19 g	198/832

- 6 größere Portionsförmchen oder die 12 Vertiefungen des Muffinblechs einfetten. Backofen auf 180 Grad vorheizen.
- Hackfleisch im heißen Butterschmalz unter Rühren krümelig braten. Kurz abkühlen lassen.
- Schalotte schälen und fein hacken. Knoblauch schälen. Mehl mit Gewürzen, 2 EL Pistazien, Hackfleisch, Schalotte, Backpulver und Natron vermischen. Den Knoblauch dazupressen und unterrühren.
- In einer großen Schüssel das Ei leicht verquirlen, Öl und Buttermilch zufügen und alles gut miteinander verrühren. Die Mehlmischung zur Eimasse geben und dabei nur so lange rühren, bis die trockenen Zutaten feucht sind.
- Teig in die Blechvertiefungen verteilen und mit den restlichen gehackten Pistazien bestreuen. Im vorgeheizten Backofen 20–25 Minuten backen. Muffins noch 5 Minuten im Backblech ruhen lassen, dann herauslösen und sofort servieren.

Tipp
Die Pistazie ist eine Steinfrucht und wächst an Bäumen, die bis zu 12 m hoch und 300 Jahre alt werden können.

Muffins mit Fleisch & Fisch

Kichererbsenmuffins (Abb. S. 73 vorne)

Zutaten:
Fett für das Blech
140 g Kichererbsen (Dose), 2 Tomaten
1 Schalotte, 2 Knoblauchzehen, 1 EL Butter
100 g Lammhackfleisch
150 g Mehl, 1/2 TL Salz
1/2 TL gemahlener Kreuzkümmel (Cumin)
1/2 TL Koriander, gemahlen
1/2 TL Pfeffer aus der Mühle, 2 TL Backpulver
1/2 TL Natron, 1 Ei
50 ml Öl
1/4 l Buttermilch

Zubereitungszeit: 30 Min.

■ Muffinblech einfetten. Backofen auf 180 Grad vorheizen.
■ Kichererbsen abtropfen lassen. Tomaten einige Sekunden überbrühen, abschrecken, häuten, vierteln, entkernen und in kleine Würfel schneiden. Schalotte und Knoblauch schälen und beides fein hacken. Schalotte und Knoblauch in heißer Butter mit Lammhackfleisch kurz braten, bis das Hackfleisch krümelig ist. Vom Herd nehmen und etwas abkühlen lassen.
■ Mehl mit Kichererbsen, Gewürzen, Tomaten, Hackfleischmischung, Backpulver und Natron vermischen.
■ In einer großen Schüssel das Ei leicht verquirlen, Öl und Buttermilch hinzufügen und alles miteinander verrühren. Die Mehlmischung zur Eimasse geben und dabei nur so lange rühren, bis die trockenen Zutaten feucht sind.
■ Teig in die Blechvertiefungen verteilen und im vorgeheizten Backofen 20–25 Minuten backen. Muffins noch 5 Minuten im Backblech ruhen lassen, dann herausnehmen und sofort servieren.

EW	Fett	KH	kcal/kJ
6 g	8 g	13 g	151/623

Zwiebelmettmuffins

Zutaten:
250 g Mehl
1 Msp. Salz
Pfeffer aus der Mühle
1 Prise Zucker
3 TL Backpulver
150 g gemischtes Hackfleisch
100 g Doppelrahmfrischkäse
50 g Käse, gerieben
1 kleine Zwiebel, gehackt
1/2 Bd. Petersilie, gehackt
3 Eier, 200 ml Milch
Fett für das Blech

Zubereitungszeit: 25 Min.

EW	Fett	KH	kcal/kJ
10 g	11 g	18 g	225/945

■ Mehl, Salz, etwas Pfeffer, Zucker und Backpulver mischen. In einer zweiten Schüssel zuerst Hackfleisch, Frischkäse, Käse, Zwiebel und Petersilie mischen. Eier und Milch zugeben, mit der Mehlmischung verkneten.
■ Ofen auf 200 Grad vorheizen. Muffinblech einfetten.

■ Die Mulden zu ca. 2/3 mit Teig füllen. Muffins im heißen Ofen 25–30 Minuten backen. Aus dem Ofen nehmen, 5 Minuten ruhen lassen, anschließend aus den Mulden lösen und auf einem Kuchengitter abkühlen lassen. 1–2 Tage in einer Blechdose durchziehen lassen.

MUFFINS MIT FLEISCH & FISCH
Tex-Mex-Muffins

- Backofen auf 200 Grad vorheizen. Muffinblech einfetten oder Vertiefungen mit Papierförmchen auslegen.
- Zwiebel schälen und fein hacken. Peperoni waschen, längs aufschneiden, entkernen und klein schneiden. Hackfleisch, 100 g Chilisauce, Chilipulver, Zwiebel und die Hälfte der Peperonistücke, Eier, Salz und etwas Pfeffer verkneten. Muffinmulden zu ca. 3/4 mit dem Fleischteig füllen, in der Mitte jeweils 1 1/2 cm tief eindrücken.
- Die Muffins im heißen Ofen 10 Minuten backen. Bohnen abtropfen lassen und mit restlicher Chilisauce mischen. Muffins aus dem Ofen nehmen, Bohnen in die Vertiefungen füllen, mit Käse und restlichen Peperonistückchen bestreuen. Weitere 10 Minuten backen, aus dem Ofen nehmen und etwas abkühlen lassen. Muffins mit 2 Gabeln aus den Mulden heben. Sofort servieren.

Tipp
Hierzu passt ein kühles Helles.

Zubereitungszeit: 20 Min.

Zutaten:
Fett für das Blech
1 Zwiebel
1 Peperoni
650 g gemischtes Hackfleisch
150 g Chilisauce (Fertigprodukt)
1 TL Chilipulver
2 Eier
1/2 TL Salz
Pfeffer aus der Mühle
1 Dose Kidneybohnen (Abtropfgewicht 225 g)
25 g Käse, gerieben

EW	Fett	KH	kcal/kJ
15 g	16 g	6 g	240/1010

Muffins mit Fleisch & Fisch
Putenpastetchen

Zutaten:
175 g Mehl
50 g Haselnüsse, gemahlen
1 TL Backpulver
Paprikapulver edelsüß
Salz
100 g Butter
4 Eier
500 g Putengulasch (aus der Keule)
1 Zwiebel
1 kleine rote Paprikaschote
1/2 Bd. Oregano
2 EL Rapsöl
4 EL Maiskörner (aus der Dose)
Pfeffer
1/8 l Hühnerbouillon

EW	Fett	KH	kcal/kJ
13 g	18 g	13 g	262/1100

■ Für den Teig 150 g Mehl, Nüsse, Backpulver, 1 EL Paprikapulver, 1 TL Salz, Butter und 2 Eier zu einem glatten Teig verkneten, zu einer Kugel formen, in Folie einschlagen und im Kühlschrank 30 Minuten ruhen lassen.
■ Fleisch waschen, trockentupfen und in kleinere Würfel schneiden. Zwiebel schälen und fein hacken. Paprika waschen, putzen und in Rauten schneiden. Oregano waschen, trockenschütteln und die Blättchen abzupfen. Öl erhitzen, Putengulasch darin rundherum anbraten, Zwiebel und Paprika zufügen und andünsten, Mais und Oregano unterrühren. Mit Salz, Pfeffer und Paprikapulver würzen. Restliches Mehl über das Fleisch streuen und anschwitzen, mit heißer Hühnerbouillon ablöschen, abgedeckt 10 Minuten, anschließend 5 Minuten offen schmoren lassen.
■ Teig auf bemehlter Arbeitsfläche ausrollen und ca. 10 cm große Kreise ausstechen. Teigstücke in die gefetteten Muffinförmchen geben und festdrücken. Teigboden mit einer Gabel einstechen. Pastetenteig im vorgeheizten Backofen bei 200 Grad 10 Minuten vorbacken. Restliche Eier unter das abgekühlte Putenragout rühren, in die Pasteten füllen und diese ca. 20 Minuten bei gleicher Temperatur zu Ende backen.

Zubereitungszeit: 45 Min.

Tipp
Statt Putengulasch können Sie auch gemischtes Hackfleisch oder Hähnchenfleisch verwenden.

MUFFINS MIT FLEISCH & FISCH
Gemüse-Schinken-Muffins mit scharfen Kroketten

Zutaten:
Für die Muffins:
200 g Kartoffeln
Salz
2 Tomaten
150 g kleine Champignons
100 g gekochter Schinken
2 Frühlingszwiebeln
1 Knoblauchzehe
3 EL Öl
2 EL Basilikumblättchen, fein gehackt
Pfeffer aus der Mühle
2 Eier
200 g Sahne
Fett für das Blech
2 EL Paniermehl
100 g Emmentaler, gerieben
Für die Kroketten:
1 große Zwiebel
2 EL Butter
250 g kernige Haferflocken
1/2 l Gemüsebrühe (Instant)
2 EL frischer Majoran, fein gehackt
2 Eigelb
Salz
Pfeffer aus der Mühle
Tabasco
200 g Knollensellerie
2 EL Walnusskerne, fein gehackt
50 g Vollkornpaniermehl
3 EL Öl
Für den Jogurtdip:
1 Tomate
150 g saure Sahne
200 g Jogurt

■ Kartoffeln schälen, in kleine Würfel schneiden und in kochendem Salzwasser ca. 10 Minuten garen, dann abgießen und abtropfen lassen. Tomaten waschen, vierteln, entkernen und klein schneiden.
■ Champignons putzen und klein schneiden. Schinken würfeln. Frühlingszwiebeln waschen, putzen und in Ringe schneiden. Knoblauch schälen. In einer Pfanne 1 EL Öl erhitzen und Champignons und Frühlingszwiebeln ca. 3 Minuten anbraten, Knoblauch dazupressen, kurz mitbraten, dann die Pfanne vom Herd nehmen.
■ Backofen auf 200 Grad vorheizen. Basilikum, Schinken und Kartoffeln mit der Pilzmischung verrühren, mit Salz und Pfeffer würzen. Eier und Sahne verquirlen und mit Salz und Pfeffer würzen.
■ Muffinblech einfetten und die Böden der Muffinmulden mit Paniermehl ausstreuen. Die Gemüsemischung auf die Mulden verteilen, leicht andrücken, mit der Eiersahne begießen und mit Käse bestreuen und 25–30 Minuten backen.

Muffins mit Fleisch & Fisch
Gemüse-Schinken-Muffins (Fortsetzung)

3 EL Petersilie, fein gehackt
Salz
Pfeffer aus der Mühle

Zubereitungszeit: 60 Min.

EW	Fett	KH	kcal/kJ
25 g	44 g	44 g	667/2801

■ Für die Kroketten Zwiebel schälen und in Würfel schneiden. Butter erhitzen und die Zwiebel darin glasig dünsten. Haferflocken, Brühe und Majoran zugeben und unter Rühren zu einem Brei kochen. Vom Herd ziehen, etwas abkühlen lassen, dann Eigelb unterrühren, mit Salz, Pfeffer und einigen Spritzern Tabasco würzen. Abkühlen lassen. Sellerie schälen, fein reiben und mit den Nüssen unter den Hafer-

flocken-Zwiebel-Brei rühren.
■ Aus dem Teig ca. 16 Kroketten formen und in Paniermehl wenden. Das Öl erhitzen und die Kroketten darin 12–15 Minuten braten.
■ Für den Dip Tomate waschen, vierteln, entkernen und klein schneiden. Saure Sahne mit Jogurt und Petersilie verrühren, Tomate einrühren und mit Salz und Pfeffer würzen.
■ Ergibt 6 Portionen.

Burgermuffins

Zutaten:
Fett für das Blech
1/2 Würfel frische Hefe (21 g) oder 1 Päckchen Trockenhefe
300 g Mehl
6 EL Olivenöl
Salz
1 kleine Zwiebel
100 g gemischtes Hackfleisch
schwarzer Pfeffer
1/2 Tomate
1 Essiggurke
6 Scheiben Schmelzkäse
etwas Remoulade
2 EL Sesam

■ Muffinblech einfetten, kühl stellen. Backofen auf 200 Grad vorheizen.
■ Hefe in 200 ml lauwarmem Wasser auflösen, das Mehl darübersieben. 4 EL Olivenöl und 1/2 TL Salz zufügen und alles mit den Knethaken des Handrührgerätes glatt verkneten. Den Teig mit einem Tuch abdecken und an einem warmen Ort 40 Minuten gehen lassen.
■ Zwiebel schälen und klein würfeln. Zwiebel und Hackfleisch in restlichem erhitztem Öl anbraten. Mit Salz und Pfeffer würzen. Tomate waschen, entkernen und Fruchtfleisch würfeln. Essiggurke würfeln und beides unter das Hackfleisch mischen.
■ Den Teig kurz durchkneten, dabei die Hackfleischmischung unterheben. Erneut

abdecken und weitere 30 Minuten gehen lassen.
■ Aus dem Teig 12 Kugeln formen und in das Muffinblech setzen. Die Muffins 25–30 Minuten backen.
■ Käse in Streifen schneiden. Blech aus dem Ofen nehmen, Muffins mit Remoulade bestreichen, mit Käse belegen und mit Sesam bestreuen. Anschließend nochmals 5 Minuten backen, bis der Käse geschmolzen ist.
■ Muffins 5 Minuten im Blech auskühlen lassen und noch warm servieren.

Zubereitungszeit: 30 Min.

EW	Fett	KH	kcal/kJ
6 g	15 g	19 g	236/991

FESTE FEIERN MIT MUFFINS
Winterliche Walnuss-Frischkäse-Muffins

- 12 Walnusshälften zum Garnieren beiseite legen. Den Rest fein mahlen und in einer trockenen Pfanne kurz rösten. Abkühlen lassen. Löffelbiskuits fein zerkrümeln. Butter mit gemahlenen Walnüssen und Löffelbiskuits vermengen. Butter-Nuss-Masse in die Muffinförmchen verteilen und 1 Stunde in den Kühlschrank stellen.
- Gelatine 5 Minuten in kaltem Wasser einweichen. Frischkäse mit Orangenschale und -saft sowie 2 EL Zucker und Vanillezucker verrühren. Milch erwärmen, Gelatine ausdrücken und darin auflösen. Unter den Frischkäse rühren. 10–15 Minuten kühl stellen. Frischkäse auf die Krümelböden verteilen, 2–3 Stunden kühl stellen.
- Restlichen Zucker goldbraun karamellisieren. Walnusshälften auf ein Stück Backpapier legen, Karamell darübergeben. Fest werden lassen. Orangen schälen und filetieren. Sternfrucht waschen und in Scheiben schneiden.
- Frischkäsemuffins vorsichtig aus den Mulden nehmen und auf Teller geben. Mit Karamellwalnüssen, Früchten und Minze garniert servieren.

Zubereitungszeit: 40 Min.

Zutaten:
100 g Walnüsse
50 g Löffelbiskuits
30 g weiche Butter
4 Blatt weiße Gelatine
400 g Frischkäse
abgeriebene Schale von 1 Orange (unbehandelt), Saft von 1/2 Orange, 130 g Zucker
1 Päckchen Bourbon-Vanillezucker, 3 EL Milch
2 Orangen
1 Sternfrucht
Minze zum Garnieren

EW	Fett	KH	kcal/kJ
9 g	18 g	20 g	282/1184

Feste feiern mit Muffins
Ostermuffins

Zutaten:
100 g Butter
3 Eier
200 g Puderzucker
2 Päckchen Bourbon-Vanillezucker
1 Beutel Orangeback
90 ml Eierlikör
100 g Mehl
1 Päckchen Vanillepuddingpulver
2 TL Backpulver
Fett und Mehl für das Blech
400 g Sahne
1 Päckchen Sahnesteif
3 cl Orangenlikör
200 g Marzipanrohmasse
1 Päckchen Back- & Speisefarben (z. B. von Schwartau)
25 g Pistazien, gehackt

Zubereitungszeit: 45 Min.

EW	Fett	KH	kcal/kJ
4 g	11 g	32 g	266/1116

Tipp
Die Marzipanhühner oder -küken mit Holzstäbchen an den Muffins befestigen.

■ Butter schmelzen. Eier, 100 g Puderzucker, 1 Päckchen Vanillezucker und Orangeback ca. 8 Minuten schaumig schlagen. Eierlikör und abgekühlte Butter zufügen. Mehl, Puddingpulver und Backpulver mischen. Mehlgemisch kurz unterrühren.
■ Teig in die gefetteten und bemehlten Muffinformen füllen und im vorgeheizten Backofen bei 175 Grad ca. 20 Minuten goldbraun backen. 5 Minuten in den Förmchen ruhen lassen und anschließend vorsichtig herauslösen. Abkühlen lassen.
■ Sahne mit Sahnesteif und restlichem Vanillezucker steif schlagen. Orangenlikör kurz unterrühren. Sahne in einen Spritzbeutel mit Sterntülle füllen.
■ Muffins einmal quer aufschneiden. Jeweils 1 Sahnetupfen auf die Muffins spritzen, Muffindeckel auflegen. Marzipanrohmasse mit restlichem Puderzucker und etwas gelber Speisefarbe färben.
■ Marzipan zwischen 2 aufgeschnittenen Gefrierbeuteln 1 1/2 cm dick ausrollen. Daraus mit einem Ausstecher Hühner oder Küken ausstechen, mit Back- & Speisefarbe verzieren. Jeweils 1 kleinen Sahnetupfen auf die Muffins spritzen, Hühner und Küken daraufsetzen und mit Pistazien bestreuen. Gleich servieren.
■ Restliches Marzipan nach Belieben färben und daraus Eier zum Garnieren formen.

FESTE FEIERN MIT MUFFINS
Halloweenmuffins

- Banane schälen, mit einer Gabel fein zerdrücken und mit Zitronensaft mischen.
- Eier mit Zucker, Öl und Buttermilch schaumig rühren. Bananenmus untermischen.
- Mehl mit Backpulver mischen und mit der Schokolade kurz unter die Ei-Buttermilch-Masse rühren, bis alle trockenen Zutaten feucht sind.
- Muffinblech einfetten oder Papierförmchen in die Vertiefungen setzen. Den Teig in die Muffinformen füllen und im vorgeheizten Backofen bei 200 Grad auf der mittleren Einschubleiste ca. 20 Minuten backen. Herausnehmen und abkühlen lassen.
- Puderzucker mit Zitronensaft dicklich verrühren. Ca. 2 EL davon abnehmen und mit Kakao dunkel färben. Die weiße Glasur großzügig auf den Muffins verstreichen.
- Die braune Glasur in einen kleinen Plastikbeutel füllen, eine winzige Ecke abschneiden und Ringe aufspritzen, diese dann mit einem Zahnstocher spinnennetzartig nach außen ziehen und trocknen lassen.

EW	Fett	KH	kcal/kJ
4 g	6 g	40 g	232/977

Zutaten:
1 Banane
2 EL Zitronensaft
2 Eier
70 g Zucker
4 EL Öl
6 EL Buttermilch
250 g Mehl
1/2 Päckchen Backpulver
50 g Schokolade, gerieben
Fett für das Blech
Für die Glasur:
200 g Puderzucker
ca. 2 EL Zitronensaft
2 TL Kakaopulver

Zubereitungszeit: 45 Min.

Feste feiern mit Muffins
Herzhafte Partymuffins

Zutaten:
1 Packung TK-Blätterteig (6 Platten)
150 g Käse, gerieben
150 g saure Sahne
1 EL Mehl
2 Eier
Muskat, frisch gerieben
Salz, Pfeffer
2 Scheiben gekochter Schinken

- Blätterteig auftauen. Backofen auf 200 Grad vorheizen.
- Die Hälfte des Käses mit saurer Sahne, Mehl und Eiern verrühren. Pikant würzen. Schinken klein würfeln und unterheben. Jede Teigplatte halbieren, in jede Vertiefung des Muffinblechs ein Teigquadrat legen, sodass ein 1 cm hoher Rand übersteht. Je 1 EL Füllung hineingeben, Teigenden zusammenfalten und restlichen Käse darüberstreuen.
- Muffins im heißen Ofen 30–35 Minuten backen.

Zubereitungszeit: 20 Min.

EW	Fett	KH	kcal/kJ
8 g	17 g	12 g	227/953

Schokotörtchen mit Nüssen

Zutaten:
125 g Margarine (z. B. von Sanella)
100 g Zucker
3 Eier
75 g Halbbitterkuvertüre
125 g Mehl (Type 550)
2 TL Backpulver
100 g Walnüsse oder Mandeln, gehackt
50 g Schokolade, geraspelt
100 g Vollmilchkuvertüre
Schokolinsen zum Garnieren

- Backofen auf 170 Grad vorheizen.
- Margarine und Zucker cremig rühren, Eier zufügen und gut verrühren. Halbbitterkuvertüre im Wasserbad schmelzen und unter die Creme ziehen. Mehl, Backpulver, Nüsse und Schokolade vermischen, unterrühren.
- Teig in Papierförmchen (ca. 5 cm Durchmesser) füllen und im heißen Backofen ca. 35 Minuten backen.
- Die Törtchen auskühlen lassen. Die Vollmilchkuvertüre im Wasserbad schmelzen, Gebäck damit überziehen und mit Schokolinsen garnieren.

Zubereitungszeit: 30 Min.

EW	Fett	KH	kcal/kJ
5 g	14 g	17 g	217/904

Feste feiern mit Muffins
Cupcakes zum Valentinstag

Zutaten:
Fett für das Blech
300 g Himbeeren
250 g Mehl
2 1/2 TL Backpulver
1/2 TL Natron
100 g Zucker
80 ml Öl
350 g Sahne
120 ml Buttermilch
1 Ei
1 EL Puderzucker
1 dünner Biskuitboden
(Fertigprodukt)

Zubereitungszeit: 40 Min.

EW	Fett	KH	kcal/kJ
5 g	16 g	37 g	318/1336

- Muffinblech einfetten oder Papierförmchen hineinsetzen. Backofen auf 180 Grad vorheizen.
- Für den Teig die Hälfte der Himbeeren verlesen, waschen, trockentupfen und klein schneiden. Anschließend mit Mehl, Backpulver und Natron vermengen.
- Zucker, Öl, 150 g Sahne und Buttermilch mit dem Ei verquirlen. Die Mehlmischung rasch unter die Eimasse rühren, bis die trockenen Zutaten feucht sind.
- Teig in die Förmchen füllen, im heißen Backofen 20–25 Minuten backen. Herausnehmen und erst im Blech 5 Minuten abkühlen lassen, dann herausnehmen und auf ein Kuchengitter geben.
- Zum Verzieren restliche Himbeeren mit Puderzucker pürieren und durch ein Sieb streichen. Restliche Sahne steif schlagen und ca. 3/4 des Himbeerpürees untermischen. Aus dem Biskuit 12 kleine Herzen ausstechen und diese mit einer kleinen Spritztüte mit etwas Himbeerpüree bespritzen. Sahne auf den Muffins verteilen und je ein Biskuitherz auflegen.

Tipp
Sie können auch mit Zuckerschrift Liebesbotschaften auf das Biskuitherz schreiben.

Feste feiern mit Muffins
Christmasmuffins

Zutaten:
125 g weiche Butter
120 g Zucker
1 TL Zimt
1/2 TL Nelkenpulver
1/2 TL Muskatpulver
1 Ei, 300 g saure Sahne
250 g Mehl
2 1/2 TL Backpulver
1/2 TL Natron
60 g Walnüsse, gehackt
Fett für das Blech
200 g Vollmilchkuvertüre
Hagelzucker
weihnachtliche Schokoladenverzierung

Zubereitungszeit: 30 Min.

EW	Fett	KH	kcal/kJ
6 g	21 g	33 g	339/1423

■ Backofen auf 180 Grad vorheizen. Butter, Zucker und Gewürze schaumig schlagen, Ei und saure Sahne zugeben und verrühren. Mehl, Backpulver und Natron mischen, sieben und nach und nach mit den Nüssen unterziehen.
■ Teig in ein gefettetes Muffinblech füllen, 20–25 Minuten backen, aus den Förmchen nehmen und auskühlen lassen.
■ Kuvertüre nach Packungsanweisung schmelzen, Muffins damit bestreichen, mit Hagelzucker bestreuen und mit weihnachtlichen Süßigkeiten garniert servieren.

Herbstliche Kürbis-Preiselbeer-Muffins

Zutaten:
3 Orangen (unbehandelt), 1 Vanilleschote
300 g Kürbisfruchtfleisch
150 g frische Preiselbeeren, 75 g Zucker
2 EL flüssiger Honig
2 Eier, 2 EL Buttermilch
150 g Mehl
2 TL Backpulver
2 EL Haselnüsse, gehackt

Zubereitungszeit: 30 Min.

■ Orangenschale abreiben, Orangen halbieren und Saft auspressen. Vanilleschote längs halbieren. Kürbisfruchtfleisch in Würfel schneiden.
■ Kürbiswürfel mit Vanilleschote und Orangensaft 10 Minuten dünsten, dann Vanilleschote entfernen und Kürbis pürieren.
■ Preiselbeeren waschen und gut abtropfen lassen. Zucker, Honig, Eier und Buttermilch zum Kürbismus geben. Orangenschale, Mehl sowie Backpulver untermischen und einen geschmeidigen Teig herstellen. Preiselbeeren unterheben.
■ Jeweils 2 Papierförmchen ineinander stecken, Teigmasse 2/3 hoch einfüllen, mit Nüssen bestreuen und im Backofen bei 180 Grad 20 Minuten backen.

EW	Fett	KH	kcal/kJ
2 g	2 g	23 g	119/502

FESTE FEIERN MIT MUFFINS

Festtagstörtchen mit Sanddorncreme

Eier trennen. Kuvertüre grob hacken und mit der Butter im heißen Wasserbad schmelzen. Eigelb und 100 ml Sanddornsirup mit dem Handrührgerät cremig schlagen. Mandeln, Zimt und Kuvertüre zugeben, unterrühren. Eiweiß mit Salz steif schlagen und unter den Teig heben.

Backofen auf 180 Grad vorheizen. Muffinblech einfetten oder Papierförmchen einsetzen. Teig gleichmäßig in die Förmchen verteilen und ca. 20 Minuten backen. Anschlie-ßend aus dem Blech lösen und abkühlen lassen.

Crème fraîche mit Quark und restlichem Sanddornsirup verrühren. Törtchen quer halbieren und mit der Creme füllen. Zucker in einem Topf karamellisieren lassen. Sanddornbeeren kurz darin andünsten, anschließend die Schokotörtchen damit verzieren.

Zutaten:
6 Eier
200 g Zartbitter-kuvertüre
100 g Butter
150 ml Sanddornsirup
200 g Mandeln, gemahlen
1/2 TL Zimt
1 Prise Salz
100 g Crème fraîche
200 g Magerquark
50 g Zucker
150 g Sanddornbeeren

Zubereitungszeit: 40 Min.

EW	Fett	KH	kcal/kJ
9 g	25 g	25 g	350/1470

Beschwipste Partymuffins

In einer Schüssel Orangensaft, Ananassaft, Rum, Orangenschale und Öl verrühren. In einer zweiten Schüssel Mehl, Zucker, Backpulver und Salz mischen. Eiweiß steif schlagen und unter die Saftmischung heben.

Banane schälen und zerdrücken. Eiweiß-Saft-Mischung mit der Banane unter das Mehl rühren.

Ofen auf 200 Grad vorheizen. Muffinblech einfetten. Mulden zu ca. 2/3 mit Teig füllen. Muffins im heißen Ofen ca. 25 Minuten backen, aus dem Ofen nehmen und 5 Minuten ruhen lassen, aus den Mulden lösen und auf einem Kuchengitter abkühlen lassen.

Mit Puderzucker bestäuben und servieren.

Zutaten:
je 75 ml Orangen- und Ananassaft
2 EL weißer Rum
Schale von 1 Orange (unbehandelt)
100 ml Öl
250 g Mehl
120 g Zucker
1 EL Backpulver
1 Msp. Salz
2 Eiweiß
1 reife Banane
Fett für das Blech
2 EL Puderzucker

Zubereitungszeit: 20 Min.

EW	Fett	KH	kcal/kJ
3 g	9 g	33 g	235/980

Feste feiern mit Muffins
Clownmuffins

Zutaten:
Für den Rührteig:
125 g Butter
100 g Zucker
1 Beutel Citroback
1 Prise Salz, 3 Eier
125 g Mehl
100 g Mandeln, gehackt
2 TL Backpulver
1 Dose Mandarinen
(Abtropfgewicht 185 g)
Für den Honigmürbeteig:
150 g Mehl, 75 g Butter
50 g Honig (3–4 EL)
1 Beutel Citroback
je 1 Packung Bunte Dekorclowns, Zuckerschrift und Gebäckschmuck, 1 Beutel Kuchenglasur Zitrone

■ Alle Rührteigzutaten bis auf die Mandarinen in eine Schüssel geben. 3–4 Minuten mit dem Handrührgerät auf höchster Stufe verquirlen. Teig in 12 kleine Papierförmchen füllen. Abgetropfte Mandarinen darauf verteilen und die Muffins im vorgeheizten Backofen bei 175 Grad backen, danach auskühlen lassen.

■ Inzwischen für den Honigmürbeteig Mehl, Butter, Honig und Citroback verkneten. Den Teig auf einer bemehlten Arbeitsfläche ausrollen und 6 Figuren ausstechen oder nach eigenen Schablonen ausschneiden. Den Figuren große Clownschuhe formen. Im vorgeheizten Backofen bei 175 Grad backen, danach ganz auskühlen lassen. Die abgekühlten Figuren mit bunten Dekorclowns, Zuckerschrift und Gebäckschmuck verzieren. Kuchenglasur nach Packungsanleitung schmelzen und Muffins damit überziehen. Muffins mit Gebäckschmuck verzieren. In die Hälfte der Muffins bunte Dekorclowns stecken. Auf die restlichen Muffins Clownfiguren mithilfe von Holzspießen stellen.

Zubereitungszeit: 45 Min.

EW	Fett	KH	kcal/kJ
6 g	20 g	36 g	350/1470

Feste feiern mit Muffins
Rüblimuffins

■ Mehl, Stärke und Backpulver mischen und sieben. Eigelb und 120 g Zucker mit den Quirlen des Handrührgerätes schaumig schlagen. Eiweiß mit restlichem Zucker und Salz zu sehr steifem Schnee schlagen und Nüsse sowie Mandeln unterheben. Mehl-Stärke-Mischung mit Möhren, Orangenlikör und 2 EL Orangensaft unter die Eigelb-Zucker-Masse rühren. Zuletzt Eischnee vorsichtig unterheben.

■ Muffinblech einfetten und mit Bröseln ausstreuen. Masse in einen Spritzbeutel mit Lochtülle füllen und in die einzelnen Vertiefungen füllen (daumenbreiten Rand lassen). Im vorgeheizten Ofen auf der mittleren Schiene bei 180 Grad ca. 30 Minuten backen. Muffins aus der Form lösen und auf einem Kuchengitter auskühlen lassen.

■ Puderzucker sieben und 100 g davon mit der Marzipanrohmasse vermengen. 2/3 mit gelber und roter Lebensmittelfarbe orange, 1/3 grün einfärben. Kleine Rübchen formen. Restlichen Puderzucker mit restlichem Orangensaft verrühren. Die ausgekühlten Muffins mit dem Zuckerguss bestreichen und mit den Marzipanrübchen verzieren.

Zutaten:
120 g Mehl (Type 405, z. B. von Aurora)
40 g Speisestärke
2 TL Backpulver
4 Eigelb
180 g Zucker
4 Eiweiß
1 Prise Salz
100 g Haselnüsse, gemahlen
100 g geschälte Mandeln, gemahlen
250 g Möhren, geraspelt
2 cl Orangenlikör
4 EL Orangensaft
Fett für das Blech
30 g Butterkeks- oder Zwiebackbrösel, fein gerieben
250 g Puderzucker
100 g Marzipanrohmasse
gelbe, rote und grüne Lebensmittelfarbe

Zubereitungszeit: 45 Min.

EW	Fett	KH	kcal/kJ
7 g	16 g	54 g	391/1642

Feste feiern mit Muffins
Herzhafte Spinnenmuffins

Zutaten:
Fett für das Blech
350 g Mehl
4 TL Backpulver
50 g Instantflocken
2 Eier, 1/8 l Vollmilch
80 g Butter, zerlassen
1/8 l Buttermilch
200 g roher Schinken
2 kleine Zwiebeln
1 Bd. Schnittlauch
1 TL eingelegte grüne Pfefferkörner, abgetropft
2 Lakritzschnecken, einige Belegkirschen zum Garnieren

■ Backofen auf 180 Grad vorheizen. Muffinblech einfetten.
■ Mehl mit Backpulver und Instantflocken mischen. Eier und Milch verquirlen, Butter und Buttermilch zugeben und alles mit der Mehlmischung verrühren. Schinken würfeln, Zwiebeln schälen und würfeln. Beides mit gehacktem Schnittlauch und Pfefferkörnern dazugeben.
■ Teig in die Mulden des Muffinblechs füllen. Im vorgeheizten Backofen ca. 25 Minuten backen. Muffins aus der Form lösen, ca. 1 Stunde auf einem Kuchengitter auskühlen lassen.
■ Lakritzschnecken aufrollen und kurze Schnüre abschneiden. Mit halbierten Belegkirschen Spinnen formen und die Muffins damit garnieren.

Zubereitungszeit: 30 Min.

EW	Fett	KH	kcal/kJ
9 g	8 g	25 g	208/874

Feste feiern mit Muffins
Muttertagsmuffins

Zutaten:
Fett für das Blech
2 säuerliche Äpfel
(z. B. Braeburn)
2 EL Zitronensaft
3 Eier
170 g Butter
150 g Zucker
300 g Mehl
75 g Mandeln, gemahlen
1/2 Päckchen Backpulver
1 Prise Salz
100 g Sahne
100 g Puderzucker
1–2 EL Apfelsaft
Zuckerperlen

- Backofen auf 180 Grad vorheizen. Muffinblech einfetten.
- Äpfel schälen, vom Kerngehäuse befreien, in kleine Stücke schneiden und mit Zitronensaft beträufeln. Eier, Butter und Zucker schaumig rühren. Mehl, Mandeln, Backpulver und Salz vermischen, anschließend mit der Sahne zur Eier-Butter-Masse geben und unterrühren. Zuletzt Apfelstücke unterheben.
- Teig in die Vertiefungen des Muffinblechs verteilen und Muffins 25–30 Minuten backen. Muffins ca. 5 Minuten im Blech abkühlen lassen. Anschließend aus der Form lösen und auf ein Kuchengitter geben.
- Puderzucker mit Apfelsaft zu einem Guss verrühren. (Nach Wunsch einen Teil mit Lebensmittelfarbe färben.) Muffins mit Zuckerglasur überziehen, mit Zuckerperlen bestreuen, trocknen lassen und servieren.

Zubereitungszeit: 20 Min.

EW	Fett	KH	kcal/kJ
6 g	20 g	41 g	363/1519

Tipp
Man kann die Muffins auch mit Speisefarbe beschriften, z. B. »Für Mama«.

FESTE FEIERN MIT MUFFINS
Caipirinha-Muffins

Zutaten:
Fett für das Blech
300 g Mehl
2 TL Backpulver
1/2 TL Natron
1 Ei
2 Becher Nestlé LC 1 Pur (300 g)
150 g brauner Zucker
100 ml Reines Sonnenblumenöl (z. B. von Thomy)
3 Limetten (unbehandelt)
65 ml Zuckerrohrschnaps (Cachaça)
50 g weiße Schokolade

EW	Fett	KH	kcal/kJ
4 g	10 g	31 g	255/1063

Tipp
Reichen Sie dazu einen erfrischenden Partycocktail.

- Backofen auf 200 Grad vorheizen. Muffinblech einfetten.
- Mehl mit Backpulver und Natron mischen. In einer zweiten Schüssel Ei mit Nestlé LC 1, Zucker und Öl verrühren. 2 1/2 Limetten heiß waschen, Schalen abreiben und Saft auspressen. Saft und Schale mit 50 ml Zuckerrohrschnaps mischen und zur Ei-Jogurt-Masse geben. Mehlmischung zugeben und nur so lange rühren, bis die trockenen Zutaten feucht sind.
- Teig in die Vertiefungen des Muffinblechs einfüllen und im heißen Ofen ca. 25 Minuten backen.
- Inzwischen restliche Limettenhälfte auspressen. Von der Schale dünne Streifen abnehmen. Weiße Schokolade in Stücke schneiden und im heißen Wasserbad schmelzen. Limettensaft und restlichen Zuckerrohrschnaps unterrühren und die fertigen, noch warmen Muffins damit bestreichen. Mit den Limettenstreifen garnieren und servieren.

Zubereitungszeit: 30 Min.

FESTE FEIERN MIT MUFFINS
Weihnachtsmuffins

EW	Fett	KH	kcal/kJ
6 g	14 g	30 g	270/1135

Zutaten:
Fett für das Blech
100 g getrocknete Feigen
100 g Walnusskerne
250 g Mehl (Type 405)
3 gestr. TL Backpulver

- Backofen auf 180 Grad vorheizen. Muffinblech einfetten.
- Feigen und Walnüsse hacken. Mehl mit Backpulver, Lebkuchengewürz und Zimt mischen und mit Zucker, Eiern, Buttermilch und Öl zu einem Teig verarbeiten. Feigen und Walnüsse unterheben.
- Teig in die gefetteten Muffinförmchen geben und im heißen Ofen auf mittlerer Einschubleiste ca. 25 Minuten backen.
- Puderzucker mit 2–3 EL Wasser glatt rühren und die erkalteten Muffins damit bestreichen. Walnusshälften daraufsetzen.

Zubereitungszeit: 20 Min.

1/2 TL Lebkuchengewürz
1 TL Zimt
2 EL Zucker
2 Eier
1/4 l Buttermilch
75 ml Öl
75 g Puderzucker
12 Walnusshälften zum Garnieren

Tipp

Anstatt der Walnusshälften kann auch mit Marzipanfigürchen, Schokolinsen oder kandierten Früchten garniert werden.

FESTE FEIERN MIT MUFFINS
Igelmuffins

Zutaten:
Fett für das Blech
140 g Mehl
120 g Vollkornmehl
60 g Haselnüsse,
gemahlen
2 EL Kakaopulver
1/2 TL Zimt
2 TL Backpulver
1/2 TL Natron
1 Ei, 90 g Honig
80 ml Öl
1/4 l Buttermilch
200 g Vollmilchkuvertüre
200 g Mandelstifte
24 weiße Zuckerperlen
12 rote Zuckerperlen

Zubereitungszeit: 50 Min.

■ Backofen auf 180 Grad vorheizen. Muffinblech einfetten und in den Gefrierschrank stellen.
■ Beide Mehlsorten mit Haselnüssen, Kakaopulver, Zimt, Backpulver und Natron gut mischen. In einer zweiten Schüssel Ei leicht verquirlen, Honig, Öl und Buttermilch zugeben und gut miteinander verrühren. Mehlmischung zum Eigemisch geben. Nur so lange rühren, bis die trockenen Zutaten feucht sind.
■ Teig in die Vertiefungen des Muffinblechs einfüllen. Im heißen Ofen 20–25 Minuten backen. Anschließend erst

5 Minuten in der Form abkühlen lassen, dann herauslösen und auf einem Kuchengitter vollständig abkühlen lassen.
■ Vollmilchkuvertüre im heißen Wasserbad schmelzen. Muffins vollständig in die Kuvertüre tauchen und auf einem Kuchengitter leicht trocknen lassen. Mandelstifte als Stacheln einstecken, weiße Zuckerperlen als Augen aufsetzen und rote Zuckerperlen als Nasen anstecken.

EW	Fett	KH	kcal/kJ
9 g	25 g	36 g	408/1714

Geburtstagsküchlein mit Apfelsahne

Zutaten:
Fett und Mehl für das
Blech, 250 g Mehl
3 TL Backpulver
1 Prise Salz
Mark von 1 Vanilleschote
80 g Mandeln, gehackt
2 Eier
150 g Zucker
125 g Butter oder
Margarine
1/4 l Buttermilch
150 g Preiselbeeren
(frisch oder tiefgekühlt)
250 g Sahne
1 Päckchen Bourbon-
Vanillezucker
1 Päckchen Sahnesteif
150 g Apfelmus (Glas)
Geburtstagskerzen zum
Garnieren

■ Backofen auf 180 Grad vorheizen. Muffinblech einfetten und mit Mehl ausstäuben.
■ Mehl, Backpulver und Salz in eine Schüssel sieben. Mit Vanillemark und Mandeln mischen. In einer zweiten Schüssel Eier und Zucker kurz verrühren. Fett und Buttermilch nacheinander zugeben und kurz unterrühren, die Masse nicht cremig rühren. Mehlmischung kurz unterrühren, bis die Zutaten feucht sind. 100 g Preiselbeeren mit einem Teigschaber unterheben.
■ Teig in die Muffinförmchen füllen, mit restlichen Preiselbeeren bestreuen. Im vorgeheizten Ofen bei 200 Grad ca.

25 Minuten backen, dann 5 Minuten in der Form abkühlen lassen, herauslösen und anschließend auf ein Kuchengitter geben.
■ Inzwischen Sahne, Vanillezucker und Sahnesteif steif schlagen, Apfelmus vorsichtig unterheben. Muffins waagrecht halbieren, Apfelsahne auf die unteren Hälften geben und obere Hälften wieder aufsetzen. Nach Wunsch Geburtstagskerzen einstecken und servieren.

Zubereitungszeit: 40 Min.

EW	Fett	KH	kcal/kJ
6 g	20 g	33 g	339/1424

REGISTER

Ananas-Jogurt-Muffins	32
Apfelmuffins	38
Aprikosen-Streusel-Muffins	48
Avocadocrememuffins	50
Bananen-Bienchen-Muffins (zum Kindergeburtstag)	80
Bananenmuffins	32
Basilikum-Ziegenfrisch-käse-Muffins	63
Beschwipste Party-muffins	87
Blaubeermuffins	46
Brokkolimuffins	62
Burgermuffins	78
Caipirinha-Muffins	92
Cappuccino-Kirsch-Muffins	35
Christmasmuffins	86
Clownmuffins	88
Coca-Cola-Muffins	16
Cocktailtörtchen	20
Cranberry-Nuss-Muffins	40
Cupcakes zum Valentinstag	85
Deftige Gemüsemuffins	64
Erdbeer-Ricotta-Muffins	44
Festtagstörtchen mit Sanddorncreme	87
Froschmuffins	80
Frühstücksmuffins	17
Geburtstagsküchlein mit Apfelsahne	94
Gemüse-Schinken-Muffins mit scharfen Kroketten	77
Gewürzmuffins	24
Grapefruitmuffins	34
Grieß-Kirsch-Muffins	27
Haferflockenmuffins	21
Halloweenmuffins	83
Heidelbeer-Krokant-Muffins	33

Herbstliche Kürbis-Preiselbeer-Muffins	86
Herzhafte Partymuffins	84
Herzhafte Spinnen-muffins	90
Himbeer-Bananen-Muffins mit Eierlikör-topping	39
Igelmuffins	94
Indianische Mais-muffins	52
Ingwer-Käse-Muffins	51
Ingwermuffins	24
Kartoffelmuffins mit Bratwurstfüllung	70
Käsemuffins	65
Kichererbsenmuffins	74
Kirschmuffins	45
Knoblauchmuffins	56
Kokoslikörmuffins	14
Kokosmuffins mit Physalis	43
Kräutermuffins mit Schinken	69
Kreolische Muffins	53
Kürbis-Haselnuss-Muffins	15
Lachs-Krabben-Dill-Muffins	68
Latte-Macchiato-Muffins	23
Lauch-Käse-Muffins mit Salami	72
Mais-Paprika-Muffins	57
Mandelmuffins mit Butterstreusel	28
Mango-Cheesecake-Muffins	48
Marmeladenmuffins	19
Marzipanmuffins	30
Meerrettichmuffins	66
Mexikanische Sauerteig-muffins	54
Minipanettone	18
Muffins mit Schafskäse	58

Müslimuffins	26
Muttertagsmuffins	91
Nougatmuffins	29
Ostermuffins	82
Paprikamuffins	64
Parmesanmuffins	50
Pestomuffins	55
Pfifferlingmuffins	60
Pflaumenmuffins	42
Pikante Mandarinen-Mais-Muffins	60
Pikante Spinatmuffins	59
Pistazien-Hackfleisch-Muffins	73
Putenmuffins	71
Putenpastetchen	76
Rhabarbermuffins mit Quark-Molke-Dip	37
Rüblimuffins	89
Schoko-Baileys-Muffins	14
Schokotörtchen mit Nüssen	84
Stachelbeer-Mandel-Muffins	47
Sweet Muffins	26
Tex-Mex-Muffins	75
Tiramisumuffins	30
Tomaten-Mozzarella-Muffins mit Minzedip	55
Tomaten-Schafskäse-Muffins	62
Trauben-Marzipan-Muffins	36
Tunfisch-Kapern-Muffins	68
Vollwert-Obst-Muffins	34
Weihnachtsmuffins	93
Weizenbiermuffins	66
Winterliche Walnuss-Frischkäse-Muffins	81
Zimtmuffins	22
Zitronentörtchen	41
Zucchinimuffins mit Basilikumschmand	61
Zwiebelmettmuffins	74

IMPRESSUM

TEXT- UND BILDQUELLEN

Titelbild: StockFood
Aurora: 27, 89, 93; Bertolli: 18; Biskin®: 57; Bonisolli/Mosaik-Verlag: 17, 19, 21, 25, 38, 40, 46, 49, 51, 52, 53, 54, 56, 58, 74, 75, 87; California Walnut Commission: 81; CMA Deutsche Butter: 15, 24; CMA Deutsche Molke: 37; CMA Deutsches Geflügel: 71, 76; CMA Deutsches Rapsöl: 33; Coca-Cola: 16; Corel Corporation: 34, 91; Di Gennaro: 50; DigiTouch GmbH: 17, 68, 70, 78; Elisa Koor, Estland: 12; Fackelmann GmbH & Co. KG: 10, 52; Feiler/Mosaik-Verlag: 70; Fleur Suijten, Niederlande: 1; Ihr – Ideal Home Range: 4; Köllnflocken: 8, 62, 90; Konstantinos Dafalias, Österreich: 11; Kopp/Mosaik-Verlag: 22, 28, 42; Leerdammer®: 65; Leonardo: 92; Maggi Kochstudio: 72, 92; Mazola: 34; Mondamin: 20; Mövenpick Café: 22; Nutella: 26, 31; Ostmann Gewürze: 86; Rama: 23, 39, 44, 63, 67; Sanella: 84; Schwartauer Werke: 29, 36, 41, 43, 47, 82, 88; StockFood: 2/3, 5 (2x), 13, 26, 28, 35, 45, 48, 59, 61, 69, 73, 77, 79, 83, 85; The Food Professionals Köhnen GmbH: 7, 55, 91

IMPRESSUM

© 2007 Compact Verlag München

Alle Rechte vorbehalten. Nachdruck, auch auszugsweise, nur mit ausdrücklicher Genehmigung des Verlages gestattet. Alle Angaben wurden sorgfältig recherchiert, eine Garantie bzw. Haftung kann jedoch nicht übernommen werden.

Einleitungstext: Dipl. oec. troph. Inga Pfannebecker
Chefredaktion: Dr. Angela Sendlinger
Redaktion: Eva Wagner
Produktion: Wolfram Friedrich
Umschlaggestaltung: Inga Koch

ISBN 978-3-8174-5979-7
5359792

Besuchen Sie uns im Internet: www.compactverlag.de